Annette Wolter

Papageien
richtig pflegen und verstehen

Experten-Rat für die artgerechte Haltung

Mit Farbfotos bekannter Tierfotografen

Zeichnungen: György Jankovics

W0464554

GU

Inhalt

Zu den Bildern:
Dieser australische Rosakakadu stillt seinen Durst im Flug. Er fliegt an, senkt den Kopf, taucht den Schnabel zum Trinken ins Wasser und startet sofort wieder.

Vorwort

Liebenswertes Wesen, farbenprächtiges Gefieder und die Begabung, menschliche Sprache nachzuahmen – das fasziniert uns Menschen an den Papageien. Die Begeisterung für diese intelligenten Vögel führt häufig zu Spontankäufen, die leider allzu oft traurig enden. Fehler bei der Haltung führen dazu, daß Papageien scheu bleiben, zu Schreiern oder gar zu Federrupfern werden. Es zeigt sich eben immer wieder, daß neben der Liebe zu Papageien auch das Wissen über die artgerechte Pflege gehört.
Worauf es bei der artgerechten Haltung und Pflege von Papageien ankommt, erfahren Sie in diesem GU Tier-Ratgeber von der Papageien-Expertin Annette Wolter. Sie beschreibt das Wesen von Papageien, erklärt, wie Käfig und Ausstattung aussehen sollen, was Sie beim Vogelkauf beachten und über Artenschutz wissen müssen, wie man Papageien richtig ernährt, was im Krankheitsfall zu tun ist. Die Anleitungen sind – auch für Anfänger in der Papageienhaltung – leicht nachvollziehbar. Im Artenteil des Buches finden Sie Steckbriefe und Porträts von 34 beliebten Groß- und Kleinpapageien, die zum Teil recht häufig gezüchtet werden. Ein Papageienlexikon, bezaubernde Farbfotos und informative Zeichnungen vermitteln lebendiges Wissen rund um den Papagei.
Viel Freude bei der Papageienpflege wünschen Ihnen die Autorin und die GU Naturbuch-Redaktion.

Bitte beachten Sie die »Wichtigen Hinweise« auf Seite 95.

Vom Wesen der Papageien

Papageien gehen in der Natur lebenslange Bindungen mit einem Artgenossen ein. Die Einzelhaltung von Papageien ist besonders dann nicht zu empfehlen, wenn Sie wenig Zeit für den Vogel haben. Entschließen Sie sich deshalb lieber gleich, zwei Vögel zu kaufen.

Jeder kennt die wundervollen großen Aras und die schmucken Amazonen aus Südamerika, die schlauen Graupapageien und die reizenden Unzertrennlichen aus Afrika. Auch die bezaubernden Kakadus, die farbenprächtigen Loris, die wunderschönen Sittiche aus Ostasien, Indonesien und Australien sowie die verspielten und neugierigen Keas aus Neuseeland gehören zur großen Familie der Papageien. Insgesamt gibt es rund 326 Arten mit 816 Unterarten. Die Aras zählen darunter mit bis zu einem Meter Körperlänge zu den größten Vertretern der Papageien, die Specht- und Sperlingspapageien mit 10 bis 12 Zentimetern zu den Kleinsten.

Wo Papageien leben

Die meisten Papageienarten leben in tropischen und subtropischen Gebieten Mittel- und Südamerikas, Afrikas, des gesamten asiatischen Raums und in Australien. Nur wenige Arten sind auch noch etwas nördlicher oder südlicher anzutreffen.
Papageien siedeln in sehr unterschiedlichen Lebensräumen, wie Gebirgen, Urwäldern, Wüsten, Savannen, Palmenhainen, Buschwäldern, Eukalyptusstrauchsteppen, landwirtschaftlichen Nutzgebieten, auf Felsklippen, an Flußläufen und manchmal sogar in Städten.

Sittich oder Papagei?

Obwohl auch Wellensittich, Rosellasittich oder Nymphensittich Papageien sind, trennen viele Ornithologen und Papageienfreunde die Sittiche von den Papageien. Körperliche Unterscheidungsmerkmale lassen sich dabei kaum feststellen. Die meisten Sittiche haben jedoch einen besonders langen Schwanz, sind schnelle, gewandte und ausdauernde Flieger und machen als Heim- oder Volierenvögel andere Haltungsbedingungen erforderlich als die Papageien. In diesem Buch werden deshalb nur Vögel aus der großen Papageienfamilie behandelt, die nicht zu den Sittichen gezählt werden.

Typisch für alle Papageien

Körperbau: Den Körperbau aller Papageien kann man durchaus als gedrungen bezeichnen. Lediglich die unterschiedliche Länge der Schwanzfedern bewirkt, daß beispielsweise die Aras optisch sehr elegant wirken, während andere Papageien mit kurzen Schwanzfedern zum Teil sogar rührend unbeholfen anmuten. Unverwechselbar dagegen sind ihre im Verhältnis zum Körper großen Köpfe mit den ausdrucksvollen Augen und dem großen Schnabel.
Der Schnabel: Der kräftige, rund gebogene Oberschnabel umgreift bei allen Papageien den trichterförmigen Unterschnabel. Je nach Ernährungsweise haben einige Arten sehr lange und spitze Oberschnäbel, andere harmonisch das Profil abrundende Schnäbel wie beispielsweise die Kakadus. Allen dient der Schnabel zur Nahrungsauf-

Papageien wie diese Gelbnackenamazone gehen sehr verschwenderisch mit ihrer Nahrung um. Sie verzehren oft nur einen geringen Teil der Frucht. Den Rest lassen sie achtlos fallen. ▷

Es spielt keine Rolle, ob Sie sich für ein Männchen oder ein Weibchen entscheiden. Beide werden gleichermaßen zutraulich und lernen – je nach Begabung – zu sprechen, Geräusche nachzuahmen oder Melodien zu pfeifen.

Der Graupapagei hat »seinen« Menschen entdeckt.

nahme, zur Verteidigung und als dritter »Fuß« beim Klettern.

Die Wachshaut: Sie liegt über dem Oberschnabel, ist bei den meisten Arten unbefiedert und umschließt die Nasenlöcher.

Die Zehen: Die beiden mittleren der vier langen, mit starken Krallen versehenen Zehen sind nach vorn, die beiden äußeren nach hinten gerichtet. Dadurch eignet sich der Papageienfuß besonders gut zum Klettern und zum Festhalten der Nahrung. Allerdings verwenden nicht alle Papageienarten den Fuß, um Nahrung festzuhalten.

Das Gefieder: Viele Papageien haben ein prächtiges buntes Gefieder, vor allem die meisten Aras. Das in unterschiedlichen Grüntönen gehaltene Gefieder der Amazonen wird durch eindrucksvolle blaue, gelbe oder rote Partien unterbrochen. Der Graupapagei imponiert durch schöne weiße Zeichnungen und seinen leuchtend roten Schwanz. Unzählige Beispiele könnten diese Aufzählung fortsetzen.

Die Farben des Gefieders dienen der Tarnung. In den Wipfeln von sonnendurchfluteten Bäumen der Tropen wirken zum Beispiel grüne Papageien mit gelben Akzenten wie Laub, das die Sonne reflektiert. Aber auch für die Balz und das Zusammenleben der Schar spielen farblich markante Gefiederpartien eine wichtige Rolle (→ Balz und Paarung, Seite 61).

Gemeinsame Eigenschaften

Sie sind Verschwender: Der großzügige Umgang mit Nahrung ergibt sich aus dem Freileben der Papageien. Meist ist das Nahrungsangebot in der Natur reichhaltig. Bei Papageien, die sich hauptsächlich von Früchten ernähren,

Seine Haltung verrät, was er will ...

... nämlich gekrault werden.

läßt sich die »Verschwendungssucht« gut beobachten. Sie verzehren häufig nur bestimmte Teile der Frucht, etwa die Kerne oder den Saft. Den Rest lassen sie achtlos fallen.

Treu und anhänglich: Papageien gehen vielfach bereits in ihrer Jugend eine feste Bindung mit einem Artgenossen des anderen Geschlechts ein und bewahren ihm lebenslang die Treue. Sie sind also monogam (→ Die Monogamie, Seite 59). Ein einzeln gehaltener Papagei schließt sich »seinem« Menschen so eng an, daß eine Trennung zu schweren psychischen Störungen, ja selbst zum Tod des Vogels führen kann. Auch beim Auseinanderreißen eines festverbundenen Paares, beispielsweise wenn ein Vogel verkauft wird, trauern beide Vögel und kümmern oft bis zu ihrem vorzeitigen Ende.

Die Lebenserwartung: Leider gibt es keine genauen Angaben über die Lebenserwartung von Papageien in freier Natur. Doch es ist bekannt, daß Papageien in Zoos oder in Menschenobhut sehr alt wurden. Viele Amazonen und Graupapageien erreichten ein Alter von 40 bis 50 Jahren, ein Nacktaugenkakadu und ein Gelbhaubenkakadu wurden 80 Jahre. Kleineren Papageien sagt man eine Lebenserwartung von 20 bis 30 Jahren nach, und die kleinen Sperlingspapageien werden etwa 18 Jahre alt.

Verhalten und Wesensart: Papageien zeigen auch in der Obhut des Menschen ihre liebenswerte Wesensart, ihre Friedfertigkeit und ihr starkes Ausdrucksvermögen. Wird von einem Papagei das Gegenteil berichtet, darf man sicher sein, daß diesem Tier harte Behandlung oder die Trennung von einem geliebten Menschen oder Artgenossen zugemutet wurde.

Zu den Bildern:
Ein gut verzweigter Kletterbaum ist für Papageien sehr wichtig. Von hier aus können sie direkt am Familiengeschehen teilnehmen und sich beim Klettern austoben.

Papageien gehören für die meisten Menschen zu den faszinierendsten Vögeln, die es gibt. Als Heimvogel stellen sie allerdings große Ansprüche an ihren Pfleger. Einem einzel gehaltenen Papagei müssen Sie unbedingt täglich mindestens drei Stunden Ihrer Zeit widmen und sich intensiv mit ihm beschäftigen.

Intelligenz: Papageien zählen zu den intelligentesten Vögeln der Welt. Für ihr gutes, über Jahre zurückreichendes Gedächtnis gibt es viele eindrucksvolle Beispiele. Von ihrem Erfindungsreichtum, ihrer Kombinationsgabe und ihrer Lernfähigkeit berichten Papageienkenner kaum zu glaubende Geschichten. Ihre Freude am Spiel, an Schabernack, an Kunststückchen sowie ihre pfiffige Schlauheit sind Intelligenzbeweise und zugleich Ersatz für viele in Gefangenschaft brachliegende Fähigkeiten.
Das Nachahmungsvermögen: Papageien sind in der Lage, Lautäußerungen nachzuahmen. Viele Papageien haben es darin zu einer wahren Meisterschaft gebracht. Sie können sogar gewisse Sachverhalte sinngemäß miteinander verknüpfen. Aber auch das Imitieren von Weinen oder Gelächter, vom Knall eines gezogenen Korkens oder vom Miauen der Katze tut seine Wirkung. Daß ein Papagei dazu befähigt ist, hängt mit seinem feinen Gehör und mit den sehr differenzierten Lautäußerungen zusammen, die in Freiheit der gesamten Schar, den Paaren, Eltern und Kindern, ein friedliches Zusammenleben ermöglichen.

Hausgenosse mit Ansprüchen

Papageien stellen große Ansprüche an ihren Pfleger. Einem einzelnen Papagei müssen Sie unbedingt täglich mindestens drei Stunden Ihrer Zeit widmen und sich intensiv mit ihm beschäftigen. Kann sich ein älterer Papagei nicht mehr an Menschen anschließen, oder haben Sie plötzlich weniger Zeit, hilft nur, ihm einen Artgenossen als Partner zuzugesellen (→ Seite 32). Im Idealfall erwirbt man ein junges Pärchen, das sich noch gern den Menschen anschließt, gleichzeitig aber auch seine Zweisamkeit pflegt.

Das kann auf die Nerven gehen

Die laute Stimme: Ein Einzelvogel schließt sich einem oder wenigen Menschen eng an und »überschüttet« seinen Pfleger geradezu mit Liebe. Das kann soweit gehen, daß der Papagei durchdringend zu schreien beginnt, sobald sich »sein Partner« mit etwas anderem als mit ihm beschäftigt.
Immer dabei sein: Zur übergroßen Liebe kommt der Wunsch des Vogels, ständig dabei zu sein, und die immerwährende Bitte, gekrault zu werden.
Der Dreck: Gefiederstaub, ausgefallene Federchen und die Exkremente liegen überall dort, wo der Vogel sich gerade aufhält. Der verschwenderische Umgang mit der Nahrung verursacht reichlich Abfall. Auch die Spuren der Schnabelarbeit, die beim Zerkleinern von Karton, Ästen, Körben oder anderen Dingen entstehen, müssen Sie entfernen.
Mein Tip: Fällt Kot auf glatte Flächen, mit Küchenpapier sofort wegnehmen und nachwischen. Kot auf Textilien oder rauhen Flächen trocknen lassen, wegbürsten, saugen und etwaige Flecken mit Seifenlauge entfernen.
Das Kaputtmachen: Der neugierige Papagei untersucht alle erreichbaren Gegenstände mit dem Schnabel. Dabei kann es leicht passieren, daß das eine oder andere gute Stück zu Bruch geht.
Die endlose Kindheit: Ein Papagei bleibt bei aller Intelligenz, Lernfähigkeit und trotz seines vielleicht schon beachtlichen Alters geistig auf dem Niveau eines Vorschulkindes. Der Vogel wird Ihr Kind auf Lebenszeit sein.
Das Organisieren: Ein Papagei braucht täglich frisches Obst, Gemüse und andere Nahrung. Während der Ferien oder Ihrer anderweitigen Abwesenheit von zu Hause müssen Sie immer einen zuverlässigen Betreuer für Ihren Papagei parat haben.

Bei den Schwarzköpfchen sind Männchen und Weibchen äußerlich nicht voneinander zu unterscheiden.

Zehn Entscheidungshilfen

1 Sind Sie und Ihre Familie bereit, Verantwortung für das häufig lange Papageienleben zu übernehmen?

2 Haben Sie genügend Platz, um dem Vogel die notwendigen Lebensbedingungen zu bieten?

3 Haben Sie genügend Zeit für ihn?

4 Ein Papagei macht viel Dreck.

5 Wie reagieren Sie, wenn der Papagei nicht sprechen lernt?

6 Was geschieht mit ihm, wenn Sie einmal von zu Hause weg müssen?

7 Sind Ihre Kinder noch klein? Dann könnte der Schnabel eines großen Papageis für sie gefährlich werden.

8 Leben noch andere Tiere in Ihrem Haushalt? Einen Hund kann man an den Papagei gewöhnen, eine Katze hingegen nicht. Kleinen Säugetieren und kleinen Vögeln kann der Papagei gefährlich werden.

9 Denken Sie daran, daß der Papagei Geld kostet.

10 Ist niemand in der Familie allergisch gegen Gefiederstaub?

Die Gefiederfarben eines Papageis dienen als Tarnung und spielen auch für die Balz und das Zusammenleben der Schar eine wichtige Rolle. In sonnendurchfluteten Baumwipfeln beispielsweise wirkt ein Papagei mit grüngelben Gefiederpartien wie Laub, das die Sonne reflektiert.

Ein Grünzügelpapagei in seinem natürlichen Lebensraum.

Ausstattung und Kauf

Zuerst den Käfig kaufen
Noch ehe der Papagei ins Haus kommt, muß sein Käfig fix und fertig eingerichtet an einem festen Platz in der Wohnung stehen.

Der richtige Käfig: Die vom Fachhandel angebotenen Papageienkäfige mit den Maßen 40x40x80 cm sind als Krankenkäfig oder zum Eingewöhnen geeignet. Ein oder zwei mittelgroße Papageien wie etwa Amazonen brauchen ein Modell von 100 bis 150 cm Höhe, und einer Grundfläche von 50 x 100 cm.

Wichtig: Runde Käfige sind ungeeignet.

Gitterstäbe: Mindestens an zwei Seiten eines eckigen Käfigs müssen die Gitterstäbe quer verlaufen, damit der Papagei gut klettern kann. Der Abstand der Stäbe sollte mindestens 15 mm, höchstens 25 mm betragen.

Die Käfigtür: Sie muß groß genug sein, um den Vogel auch auf der Hand sitzend herauszuholen oder hineinzusetzen. Der Verschluß der Türe muß »schnabelsicher« sein oder durch einen Karabinerhaken gesichert werden.

Bodenschale: Sie sollte aus schlagfestem, hitzebeständigem Kunststoff bestehen und einen Sandschuber haben. Ein eventuell vorhandenes Bodengitter über dem Sandschuber muß entfernt werden.

Futternäpfe: Die zwei zum Käfig gehörenden Näpfe sind zu wenig und für größere Papageien meist zu klein. Kaufen Sie noch zwei Zusatznäpfe zum Einhängen aus Edelstahl. Sie lassen sich am besten pflegen und behalten über Jahre ihr appetitliches Aussehen.

Die Zimmervoliere
Ein Zimmervoliere ist ein zweckmäßiger und geräumiger Lebensraum für Papageien. Das Angebot an unterschiedlichen Ausführungen und Ausmaßen ist vielseitig. Einzelne Bausätze können wunschgemäß zusammengebaut werden. Ihr Zoofachhändler berät Sie gern. Allerdings darf auch die geräumigste Voliere nicht einziger Lebensraum für die Papageien sein. Sie brauchen unbedingt Gelegenheit zum Fliegen und den persönlichen Kontakt zu Ihnen.

Standort für Käfig oder Zimmervoliere
Stellen Sie Käfig oder Zimmervoliere in einem Raum auf, in dem Sie sich, eventuell auch Ihre Familie, am häufigsten aufhalten. Eine helle, geräumige Zimmerecke, nicht zu nahe am Fenster, aber möglichst mit Blick nach draußen ist der ideale Platz. Achten Sie darauf, daß Käfig oder Voliere keine direkte Sonneneinstrahlung abbekommen und nicht in der Zugluft stehen. Zugluft kann Papageien krank machen. Ein Käfig muß erschütterungsfrei aufgestellt werden. Entweder auf dem speziellen Käfigstativ, auf einem stabilen Tisch oder einem dicken Brett. Befestigen Sie das Brett etwa in Höhe Ihrer Augen mit einer Spezialhalterung an der Wand. Der Vogel will dem Menschen ins Gesicht sehen können. Er wird unruhig, wenn über ihm hantiert wird.

Wichtig: Die Küche ist als ständiger Platz für Käfig oder Voliere völlig ungeeignet. Vor allem Kochdämpfe und Zugluft sind sehr schädlich für die Gesundheit Ihres Papageis.

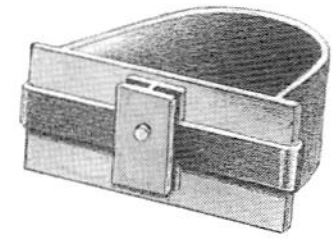

Futtergefäße aus Edelstahl oder Kunststoff mit praktischen Halterungen zum Befestigen an Käfig- und Volierengitter.

Papageien haben ein ausgeprägtes Bedürfnis, sich zu bewegen und zu fliegen. Ein ausschließliches Käfigdasein ist für Papageien eine Qual, die früher oder später zu krankhaften Störungen führt.

Praktische Tips fürs Einrichten von Käfig und Voliere

Bodengitter entfernen: Das Gitter über dem Sandschuber muß entfernt werden. Viele Arten »graben« nämlich gern mit dem Schnabel im Sand oder in der Einstreu. Streuen Sie in den Sandschuber entweder Vogelsand, Einstreu, wie sie für Kleinsäuger angeboten wird, oder legen Sie ihn mit saugfähigem Papier aus (dann aber Vogelsand in einem Näpfchen anbieten).

Sitzstangen anbringen: Zuerst sollten gedrechselte Sitzstangen durch Naturäste mit ähnlichem Durchmesser ersetzt werden. Die Äste durch Einkerbungen sicher an den Gitterstäben des Käfigs befestigen und zusätzlich mit starken Stricken festbinden. Dabei brauchen nicht alle Äste gleich dick zu sein, und nicht alle müssen waagerecht verlaufen. In der Natur findet ein Papagei auch keine genormten Äste. Das Klettern auf unregelmäßig geformten Ästen ist eine gute Fußgymnastik.

Wichtig: Die Äste sollten jedoch überwiegend so dick sein, daß sich die Krallen des Vogels beim Umgreifen der Äste nicht berühren.

Wieviel Sitzäste? Bringen Sie einen Ast vor den Futternäpfen an, damit der Papagei seine Nahrung bequem genießen kann. Ein Ast wird als Schlafplatz so hoch wie möglich im Käfig plaziert, denn Papageien schlafen am liebsten auf einer hochgelegenen Warte. Jedoch darf der Vogel auf seinem Schlafplatz keinesfalls am Gitter anstoßen, und es muß genug Raum bleiben, daß er einen Flügel und ein Bein wegstrecken oder die Flügel abheben kann. Ist zwischen den Ästen noch Platz für ein oder zwei weitere, so befestigt man sie stufenweise in halber Höhe. Doch bitte daran denken: Schränken Sie die Bewegungsfreiheit nicht durch zuviele Sitzäste ein.

Wo Sie Naturäste bekommen: Geeignete Naturäste bietet der Zoofachhandel an. Wer sie sich lieber selbst besorgt, darf nur die idealen Obstbaumäste und andere Äste verwenden, wenn sie garantiert frei von Schädlingsbekämpfungsmitteln und Auspuffgasen sind. Selbst Zweige aus Parks, Gärten oder Wäldern müssen sorgfältig gewaschen und abgerieben werden, um Rückstände beispielsweise von saurem Regen zu entfernen.

Ungiftige Hölzer: Aus Hartholz eignen sich für die Sitzstangen Birke, Ahorn, Ulme, Esche, Buche, Eiche, Walnuß; zum Zernagen reicht man auch Zweige aus weichem Holz von Pappeln, Weide, Holunder, Linde, Kastanie.

Futternäpfe füllen: Ehe Sie Ihren Papagei nach dem Kauf in seinen Käfig setzen, füllen Sie einen Futternapf mit der Körnernahrung, die Sie beim Erwerb des Vogels gekauft haben. Ein Napf wird mit Wasser gefüllt, in den dritten Napf kommt eine Mischung aus Möhre, Apfel, Banane und einer geknackten oder nur angeknackten Walnuß. In den vierten Futternapf legen sie etwas Paprikaschote, Chinakohlsalat, Spinat oder Mangold – Obst und Gemüse grob kleingeschnitten (→ Seite 37).

Beschäftigungsgegenstände: Auch im Käfig oder in der Voliere braucht der Papagei Abwechslung. Zweige zum Nagen sollten zum Angebot der ersten Stunde gehören. Schneiden Sie die Zweige in etwa 20 cm lange Stücke, bündeln Sie sie, und hängen Sie das Bündel mit einem Strick so ans Käfiggitter, daß der Vogel es von einem Sitzast aus erreichen kann. Gut zum Beschäftigen geeignet sind auch ein dickes Hanfseil mit Knoten, großgliedrige, rostfreie Ketten, leere Garnrollen, eine Bastquaste, leere Papprollen oder Holzspielzeug aus dem Zoofachhandel (→ Praxis Kletterbaum, Seite 26).

Ideal ausgestattete Zimmervoliere (Modell Wagner & Keller).

Junge Papageien werden schnell zutraulich und schließen sich eng ihrem Ersatzpartner Mensch an, wenn sie keinen Artgenossen als Partner haben. Die Liebe zum Menschen kann so weit gehen, daß der Papagei durchdringend zu schreien beginnt, wenn sich »sein Partner« nicht mit ihm beschäftigt.

Wichtiges über Artenschutz

Seit dem 1.6.97 gilt in der Europäischen Union (EU) die EG-Verordnung Nr. 338/97 zum Artenschutz, die das Washingtoner Artenschutzübereinkommen (WA) umsetzt und einheitlich für alle Länder der EU die Ein- und Ausfuhr sowie die Vermarktung der geschützten Tier- und Pflanzenarten regelt. Entsprechend dem Grad ihrer Gefährdung werden die geschützten Tiere und Pflanzen in vier Anhängen aufgelistet.
Anhang A: Arten, die vom WA als vom Aussterben bedroht (WA I) gelten, sowie zusätzliche Arten, die von der EU als besonders bedroht angesehen werden. Sie dürfen weder ein- noch ausgeführt und nur mit Ausnahmegenehmigung verkauft werden.
Anhang B: Im wesentlichen Arten des WA Anhang II. Eine kontrollierte Naturentnahme ist bei diesen Arten möglich, sie dürfen auch ohne weiteres vermarktet werden.
Arten der Anhänge A und B dürfen nur mit Einfuhrgenehmigung der zuständigen Behörden als Wildfänge eingeführt werden. Die CITES-Bescheinigung ist nur noch für

Entspannt pflegt der Rosakakadu sein Gefieder.

Anhang-A-Arten erforderlich, doch auch bei Anhang-B-Arten muß der Halter den legalen Besitz nachweisen können (→ Meldepflicht, Seite 17).

Wo Sie Papageien kaufen können

Die im Handel angebotenen Papageien stammen meist aus Inlandzuchten. Wenn Sie wissen, welche Papageienart Sie sich wünschen, setzen Sie sich am besten mit einem Zoofachhändler in Verbindung. Er wird versuchen, die gewünschte Art aus einer Inlandzucht zu beschaffen, oder Ihnen einen Züchter nennen, an den Sie sich wenden können.

Ist der Papagei gesund?

Ein gesunder Papagei weist folgende Merkmale auf:

- Alle Federn sind bereits voll ausgebildet, liegen glatt an und sind nicht verklebt.
- Die Federn um die Kloake – so nennt man den After eines Vogels – sind nicht von Kot verschmutzt.
- Augen und Nasenlöcher sondern keine Flüssigkeit ab und sind nicht verkrustet.
- Die Hornschuppen an den Füßen liegen glatt an.
- Zwei Zehen eines Fußes zeigen nach vorn, zwei nach hinten, keine darf fehlen, alle haben Krallen. (Allerdings wäre eine fehlende Kralle oder auch Zehe nur ein Schönheitsfehler, nicht unbedingt das Anzeichen einer Krankheit.)
- Der Kot besteht aus einem dunklen und einem weißen Exkrement und ist mittelfest.
- Ein gesunder Papagei zeigt Interesse an seiner Umgebung, putzt sein Gefieder, ißt, trinkt oder schläft, wobei er auf einem Bein ruht.

Ein kranker Papagei blickt teilnahmslos vor sich hin, hat aufgeplustertes Gefieder oder schläft auf beiden Beinen ruhend. Der Kot kann wäßrig, rötlich verfärbt oder gar schäumend sein.

Aufmerksam beobachtet der Rosakakadu das Geschehen.

Kahle Körperstellen können auf das Rupfen der Federn hinweisen, sind aber noch kein Beweis dafür, daß der Papagei dieser Untugend frönt. Hier sollten Sie mit dem Zoofachhändler sprechen, er wird Ihnen Genaueres dazu sagen.

Jung ist besser als alt

Kaufen Sie am besten einen jungen Papagei, denn er wird schnell zutraulich. Bei einem gezüchteten Vogel ist sein Alter bekannt. Mit der Hand aufgezogene Jungvögel sind meistens bereits an den Menschen gewöhnt und schließen sich ihm eng an. Papageien, die in der Nisthöhle von ihren Eltern gefüttert wurden, müssen sich erst allmählich an den Menschen gewöhnen. Hat sich ein Jungvogel bereits einem gleichaltrigen Artgenossen angeschlossen, darf das Pärchen keinesfalls getrennt werden. Der Erwerb eines solchen Pärchens wäre ein Glücksfall für Sie. Die jungen Vögel können sich gut an das Leben in menschlicher Gesellschaft gewöhnen, werden zutraulich und haben doch im Artgenossen einen Partner.

Die vom Käfig herabhängende dicke Kordel mit Knoten benutzen viele Papageien zum Klettern, aber auch zur Schnabelarbeit.

Welches Geschlecht sollte der Papagei haben?

Es ist völlig unwichtig, ob Sie sich ein Männchen oder ein Weibchen aussuchen. Selbst Paare können ohne weiteres aus gleichgeschlechtlichen Vögeln bestehen, wenn sie harmonieren. Lediglich für die Zucht spielt das Geschlecht eine entscheidende Rolle. Bei nur wenigen Papageienarten lassen sich die Geschlechter durch äußere Merkmale erkennen (→ Beliebte Papageienarten, Seite 64). In der Regel kann das Geschlecht eines Papageis nur durch die Endoskopie, einen operativen Eingriff, festgestellt werden.

Formalitäten beim Kauf

Die CITES-Bescheinigung: Als Besitzer eines artgeschützten Papageis müssen Sie den rechtmäßigen Besitz nachweisen. Soweit eine CITES-Bescheinigung vorhanden ist, erfüllt dieses Dokument als »Quasi«-Personalausweis diese Voraussetzungen. Wer einen Papagei nach dem 1.6.97 erwirbt und keine CITES-Bescheinigung erhält, sollte sich die rechtmäßige Abgabe des Tieres durch den Verkäufer bestätigen lassen.

Der Fußring: Jeder aus einer genehmigten und amtlich überprüften Zucht stammende Papagei muß nach dem Gesetz in einem bestimmten Alter den vorgeschriebenen Fußring mit einer eingravierten Nummer erhalten. Zwar stellt die Papageienkrankheit (→ Seite 49) heute keine nennenswerte Gefahr mehr dar, doch der Gesetzgeber will sichergestellt wissen, daß die Zucht in einem gesunden Tierbestand erfolgte. Um gegebenenfalls kranke Vögel zurückverfolgen zu können, erhalten alle Papageien und Sittiche einen Fußring aus Metall oder Kunststoff. Leider darf der Fußring nach dem Gesetz nur entfernt werden, wenn er dem Vogel Schaden zufügt. Viele Papageien bleiben beispielsweise mit dem Ring irgendwo hängen, versuchen sich an ihm zerrend zu befreien und verletzen dabei den Fuß. Schwillt der Fuß dann an, unterbindet der Ring die Blutzirkulation und kann zum Verlust des Fußes führen. Deshalb den Ringfuß ständig aufmerksam beobachten, um etwaige Veränderungen sofort festzustellen. Wenn nötig, den Ring vom Tierarzt entfernen lassen, sich diese Notwendigkeit bestätigen lassen und den Ring gut aufbewahren. Er ist ein Dokument.

Hinweis: Wenn ein entflohener Papagei einen Fußring trägt und eingefangen wird, kann der Eigentümer leicht ermittelt werden. Die Fußringnummern aus deutschen Zuchten sind beim Zentralverband Zoologischer Fachbetriebe (→ Adressen, die weiterhelfen, Seite 95) registriert.

Der Kaufvertrag: In jedem gut geführten Zoofachgeschäft ist es heute selbstverständlich, daß dem Käufer eine detaillierte Kaufbescheinigung ausgestellt wird. Die dem Zentralverband Zoologischer Fachbetriebe (ZZF) angeschlossenen Zoofachgeschäfte halten hierfür einen »Heimtier-Paß« bereit. Aus diesem Vertrag sollte hervorgehen: Datum des Kaufs, Vogelart bezie-

Je mehr Beschäftigung der Freisitz bietet, desto lieber wird er angenommen.

hungsweise Unterart, Fußringnummer, Kaufpreis, Anschrift des Verkäufers und Käufers. Auch das Geschlecht des Vogels sollte vermerkt sein. Bei Tausch, Leihgabe, Zuchtgemeinschaften oder Schenkung sollten ebenfalls so konkrete schriftliche Vereinbarungen wie beim Kaufvertrag getroffen werden.
Meldepflicht: Der Besitz eines Papageis muß vom Eigentümer unverzüglich der zuständigen Naturschutzbehörde (Landratsamt oder Regierungspräsidium) gemeldet werden. Erforderlich sind dazu alle Angaben aus dem Kaufvertrag, zusätzlich noch Standort der Voliere, Verwendungszweck und Registriernummer der CITES-Bescheinigung (soweit vorhanden). Diese Meldepflicht gilt für alle Papageien, mit Ausnahme von: Pfirsichköpfchen, Rosenköpfchen, Rußköpfchen, Schwarzköpfchen, Blaugenick-Sperlingspapagei, Augenring-Sperlingspapagei und Blauflügel-Sperlingspapagei.

Behutsames Eingewöhnen

Häufiges Sprechen mit dem Papagei fördert das Vertrauen und die Sprechbegabung des Vogels. Er lernt Ihre Stimme kennen und versucht vielleicht mit der Zeit, kleine Sätzchen nachzusprechen.

Nach dem Kauf bringen Sie Ihren Papagei am besten in einem Transportbehälter auf dem kürzesten Weg nach Hause. Achten Sie darauf, daß der Vogel währenddessen vor Hitze, Kälte oder Feuchtigkeit geschützt ist. In der Wohnung muß bereits der bezugsfertige Käfig mit gefüllten Futternäpfen für Ihren Papagei bereitstehen.

Die ersten Stunden daheim

Erster Schritt: Halten Sie den geöffneten Transportbehälter so vor die offene Käfigtür, daß nur ein Weg für den Vogel möglich ist. Er strebt bestimmt vom Dunklen ins Helle und klettert in seinen Käfig. Wenn er drin ist, sofort die Tür schließen und sich zurückziehen. In den nächsten Stunden lassen Sie den Papagei am besten allein, damit er die Käfigeinrichtung ungestört erkunden kann. Außerdem muß der Vogel zunächst das Fangen in der Zoofachhandlung oder beim Züchter, den Transport und den Umgebungswechsel verarbeiten, denn die Schreckerlebnisse bedeuten für den Papagei eine große seelische Belastung.

Zweiter Schritt: Nach einigen Stunden oder am nächsten Tag setzen Sie sich etwas entfernt vom Vogel, aber in Sichtkontakt, in die Nähe des Käfigs. Sprechen Sie jetzt leise und beruhigend mit dem Papagei. Verwenden Sie nur kurze Sätzchen, nennen Sie dabei oft seinen Namen. Nähern sie sich dem Vogel stets nur sprechend oder pfeifend, denn Vögel sind stummen Geschöpfen gegenüber argwöhnisch.

Hat es der Papagei erst einmal gelernt, auf den Stock zu steigen, kann man ihn problemlos transportieren.

Die ersten Tage mit dem Papagei

Die ersten Tage sind wohl von gegenseitiger Vorsicht geprägt. Sie möchten Ihren Papagei durch nichts erschrecken, ihm keine Angst machen, und er möchte so viel Abstand von Ihnen wie nur möglich. Dennoch müssen Sie zweimal täglich mit der Hand in den Käfig greifen, um für frische Nahrung und Sauberkeit zu sorgen. Ein gutes Mittel, dem Vogel diesen Schrecken zu erleichtern, ist absolute Pünktlichkeit. Wenn Sie wiederkehrende notwendige Vorgänge stets zur gleichen Zeit vornehmen, gehören diese für den Vogel bald zum unvermeidlichen Tagesablauf.

Hantieren im Käfig: Morgens und nachmittags müssen Sie die Futternäpfe aus dem Käfig nehmen und frisch gefüllt wieder hineinhängen. Mit einem eigens dafür bestimmten Löffel nimmt man morgens noch die Exkremente vom Käfigboden und streut etwas frischen Sand oder Einstreu nach oder wechselt das Papier aus. Während der ganzen Prozedur reden Sie mit dem Vogel. Vermeiden Sie jede hastige Bewegung, auch wenn der Vogel vielleicht versucht, nach Ihnen zu hacken. Dann sollten Sie übrigens gleich mit einem ruhigen, aber bestimmten »Neinnein« reagieren. Mit der Zeit wird der Papagei verstehen, daß mit dem »Neinnein« ein Tabu verbunden ist.

»Draufgänger« oder »Angsthase«: Hat Ihr Papagei den größten Streß überwunden, wird er den Käfig voll in Anspruch nehmen, alle Sitzäste erproben und anfangen, Zweige zu benagen. Schon bald merken Sie an seinen Reaktionen, ob Sie einen vitalen »Draufgänger« bekommen haben oder eher ein verstörtes Angstbündel. Versucht der Papagei, Sie bei den Verrichtungen im Käfig zu beißen, ist ein »Draufgänger« geradezu bemüht, Sie zu erwischen. Der »Angsthase« dagegen weicht Ihnen aus, so gut es geht, beißt aber zu, wenn er sich bedrängt fühlt. Erhebt Ihr Papagei zum ersten Mal laut und ausdauernd seine Stimme, so kann das Protest gegen das Alleingelassensein oder Lebensangst sein. Der »Draufgänger« schreit mit ganzer Kraft weiter, wenn Sie zu ihm sprechen. Der »Angsthase« verstummt ängstlich, wenn er Ihre Stimme hört.

Hinweis: Lautes Protestgeschrei können Sie unterbrechen, indem Sie für einige Minuten ein Tuch über den Käfig legen. Verdutzt wird der Vogel still sein und schon bald verstehen, daß das Tuch nur kommt, wenn er laut schreit.

Ungestörte Nachtruhe

In der Natur suchen Papageien bei Einbruch der Dunkelheit ihre Schlafplätze auf und beginnen mit der Nachtruhe. In der Obhut des Menschen kann der Papagei aber auch bei elektrischer Beleuchtung noch recht munter sein

In wohliger Ruhestellung wird der Schnabel ins Rückengefieder gesteckt. Beim Schlafen zieht der Papagei meistens ein Bein ins Bauchgefieder.

oder trotz des Lichts schläfrig werden, wenn seine innere Uhr ihm nämlich sagt: »Schlafenszeit«. Will der Papagei schlafen, zieht er sich auf seinen bevorzugten Schlafplatz zurück und schenkt den Vorgängen um ihn her keine Aufmerksamkeit mehr. Selbst Fernsehen, Musik, Unterhaltung stören ihn kaum, wenn er nicht direkt auf den nahen Bildschirm sehen muß, wenn alle Geräusche etwas gedämpft sind und ihn nicht gerade grelles Licht trifft.

Bitte daran denken:

- Ehe Sie das Licht löschen, vergewissern Sie sich, daß der Vogel auf seinem Schlafplatz sitzt. Im Dunkeln würde er ihn nicht finden und unruhig im Käfig klettern oder gar flattern, wobei er sich verletzen könnte.
- Wenn Straßenlaternen das Vogelzimmer zu hell erleuchten oder Autoscheinwerfer den Vogel erschrecken können, das Zimmer lieber durch Vorhang oder Rollos verdunkeln, sonst findet der Vogel keine Ruhe.
- Im völlig dunklen Zimmer aber besser eine schwache Lampe anschalten, damit sich der Papagei orientieren kann, wenn er nachts durch irgend etwas erschreckt wird.

Hinweis: Ein gut eingewöhnter Papagei braucht diese Vorsichtsmaßnahme nicht mehr.

Jung aneinander gewöhnt...

Zu den Bildern:
Die Freundschaft zwischen Katze und Papagei ist außergewöhnlich. Wenn Sie einen Papagei halten, sollte keine Katze in Ihrer Wohnung leben. Im Normalfall vertragen sich die beiden nicht, und ein Zusammentreffen kann für Ihren Papagei tödlich enden.

Die ersten Wochen mit dem Papagei
Verliefen die ersten Tage mit dem neuen Familienmitglied ohne extreme Aufregungen, wird der Vogel schon bald neugierig beobachten, was um ihn her vorgeht. Niemand kann sagen, wieviel Zeit vergeht, bis der Papagei sich bei Ihnen eingewöhnt hat. Manchmal genügen einige Tage, manchmal dauert es mehrere Wochen. Bemühen Sie sich, alles zu vermeiden, was das Vertrauen des Papageis erschüttern könnte und ihm Angst macht.

Das Vertrauen fördern

- Sprechen Sie so oft wie möglich mit Ihrem Papagei. Nennen Sie dabei seinen Namen und singen oder pfeifen Sie ihm kleine Melodien vor. Vielleicht versucht er Sie eines Tages zu imitieren.
- Vermeiden Sie Unruhe und hastiges Treiben in seiner Nähe. Lautes Türenknallen, Hundegebell oder geräuschvolle Hausarbeiten machen ihm Angst.
- Treten Sie nicht mit ungewohnten, auffallenden Utensilien vor den Käfig, beispielsweise mit einem großen schwarzen Hut, mit Lockenwicklern in den Haaren, mit aufgespanntem Regenschirm oder ähnlichem.
- Stellen Sie unbekannte Gegenstände, mit denen der Papagei aber demnächst Bekanntschaft machen soll, eine Zeitlang für ihn sichtbar in der Nähe des Käfigs auf – zum Beispiel die Sprühflasche, aus der er bald sein erstes Duschbad (→ Seite 28) bekommen soll. Kennt der Vogel solche Gegenstände bereits vom Sehen, wird er nicht mit Panik auf deren Einsatz reagieren.

Bewegung und Beschäftigung
Mit dem Fliegen muß sich Ihr Papagei noch etwas gedulden, denn ehe er nicht mit Ihrer Hand vertraut ist, bleibt

... können sogar Katze und Papagei Freunde werden.

er am besten im Käfig. Es kann jedoch sein, daß er auf seinem Sitzast kräftig mit den Flügeln schlägt. Das macht natürlich Staub und Lärm. Aber es ist gut für den Vogel, er trainiert so seine Flugmuskeln und gleicht die zu geringe Bewegungsmöglichkeit aus. Beschäftigen Sie den Vogel, indem Sie ihm täglich frische Zweige zum Benagen anbieten. Nährstoffe aus der Rinde, die er beim Nagen aufnimmt, fördern sein Wohlbefinden.

Handzahm machen

»Mit Speck fängt man Mäuse«, heißt ein bekanntes Sprichwort. Auf die gleiche Art können Sie auch erreichen, daß Ihr Papagei handzahm wird. Beobachten Sie zunächst, welches Obst und Gemüse er vorzugsweise aus seinen Futterschälchen nimmt. Bieten Sie ihm dann diese Leckerbissen von außen durch das Käfiggitter mit der Hand an. Sie dürfen ihm auch ein Stückchen Brotrinde, etwas Weißbrot, einen trokkenen Keks oder ein sehr kleines Stück Hartkäse geben. Große Papageien bekommen größere Stückchen, kleine Papageien nur kleine. Auf diese Weise erfährt Ihr Papagei, daß ihm die Hand Gutes bringt. Bei manchen Papageien dauert es allerdings wochenlang, ehe sie sich trauen, etwas aus der Hand zu nehmen. Nun sollten Sie den nächsten Schritt wagen. Probieren Sie, ihn durchs Käfiggitter mit einem kleinen Zweig im Nacken ganz sacht gegen den Strich zu kraulen. Versuchen Sie das Kraulen so oft wie möglich, bis er wohlig stillhält und es sichtlich genießt. Weitere Handkontakte folgen erst, wenn Ihr Papagei nicht mehr ständig im Käfig lebt (→ Der erste Flug, Seite 22).

Bieten Sie Ihrem Papagei Leckerbissen wie einen trockenen Keks oder ein Stückchen Weißbrot auf der Hand an. So können Sie erreichen, daß der Papagei mit der Zeit handzahm wird.

Das Leben mit dem Papagei

Hat Ihr Papagei die Scheu vor Ihrer Hand überwunden, und drückt er sich nicht mehr verängstigt in eine Käfigecke, wenn Sie sich ihm nähern, dürfen Sie seinen ersten Ausflug vorbereiten.

Den ersten Ausflug vorbereiten
Für den Anfang genügt es, wenn Ihr Papagei bei seinem ersten Ausflug nur das Zimmer, in welchem sein Käfig steht, genau kennenlernt.
<u>Gefahren beseitigen:</u> Noch ehe Sie die Käfigtür öffnen, sollten Sie den Raum »vogelsicher« machen. Was für einen Papagei beim Aufenthalt außerhalb seines Käfigs gefährlich werden kann, erfahren Sie aus dem Gefahrenkatalog auf Seite 35.
<u>Fenster schließen:</u> Vergewissern Sie sich, daß alle Fenster und Türen im Zimmer geschlossen sind. Auch gekippte Fenster müssen geschlossen werden, denn sie hindern einen Papagei nicht am Wegfliegen.
<u>Gardinen vorziehen:</u> Ziehen Sie die Gardinen oder Stores vor die Fensterscheibe. Ein Papagei erkennt die blanke Fensterfläche nicht als Raumbegrenzung. Er kann mit solcher Wucht dagegenprallen, daß er bewußtlos oder mit gebrochenem Genick zu Boden fällt. Wenn Sie keine Stores oder Gardinen haben, lassen sie die Rollos oder Jalousetten bis auf etwa 30 cm herunter und erleuchten, wenn nötig, das Zimmer elektrisch. Die unbedeckte Fensterfläche dann täglich um ein kleines Stück vergrößern, bis der Vogel die Fensterscheibe als Raumbegrenzung begriffen hat. Das dauert meist nur einige Tage.

Feuchte Blätter, in einer größeren flachen Schale angeboten, benutzen manche Papageien gern, um ein Taubad zu nehmen.

Der erste Flug
Ist die Käfigtür offen, setzen Sie sich in einiger Entfernung hin und beobachten Ihren Papagei. Irgendwann wagt er es, den Käfig zu verlassen und vom Käfigdach oder von der Türöffnung aus abzufliegen. Dann kommt es darauf an, wo ihm die Landung gelingt. Steuert er den Kletterbaum (→ Praxis-Seiten 26/27) an oder wieder das Käfigdach, brauchen Sie nichts zu tun. Der Vogel klettert entweder in den Käfig, untersucht den Vogelbaum oder startet zur nächsten Runde. Landet er auf erhöhter Warte, etwa der Lampe, einem Schrank oder einer Vorhangstange, wird er nicht so bald Lust haben, diesen für ihn sicheren Platz zu verlassen. Landet er aber auf dem Fußboden, sieht die Sache anders aus. Aus dieser Perspektive befindet sich alles über ihm, und das ängstigt den Papagei.
<u>Hinweis:</u> Papageien, deren Flügel beschnitten sind (→ Seite 25) können nicht fliegen. Entweder sie flattern bei ihrem ersten Ausflug zu Boden, oder sie verlassen den Käfig kletternd. Vom Boden aus können sie nicht mehr auffliegen. Versuchen Sie deshalb, den Vogel auf den Stock steigen zu lassen, und tragen Sie ihn zum Käfig beziehungsweise zum Kletterbaum.
<u>Zurück in den Käfig:</u> Nehmen Sie den Stock und halten Sie ihn dem Vogel am Boden mit ausgestrecktem Arm hin, so daß viel Abstand zwischen Ihnen und ihm ist. Möglicherweise besteigt er den Stock sofort, weil er ihn für einen Sitzast hält. Wenn nicht, legen Sie den Stock

schräg so vor den Vogel, daß das Holz leicht seinen Unterbauch berührt und drücken Sie sanft dagegen. Das veranlaßt ihn wahrscheinlich aufzusteigen. Hat Ihr Papagei eine hohe Warte als Anflugplatz aufgesucht, lassen Sie ihn eine ganze Weile dort sitzen. Kommt er nach einer Stunde nicht von selbst herunter, versuchen Sie ebenfalls den Trick mit dem Stock. Fruchtet der nicht, lassen Sie den Vogel sitzen, wenn nötig sogar über Nacht. Einmal wird er hungrig und strebt allein in den Käfig zurück. Unbedingt vermeiden: Den Vogel jetzt nicht jagen. Das könnte bereits erworbenes Vertrauen zunichte machen. Wichtig: Das Aufsteigen auf den Stock sollten Sie von nun an täglich üben. Ist der Stock für den Papagei eine Selbstverständlichkeit, kann er, falls einmal notwendig, rasch transportiert werden.

Die größte Gefahr: Wegfliegen
Jeder Papagei, der wegfliegt, ist in größter Gefahr. Je nach Jahreszeit finden die Vögel in der Natur keine oder unbekömmliche Nahrung, oder sie fallen Greifvögeln zum Opfer. Bemerken Sie sofort, daß Ihr Papagei entflogen ist, gibt es noch die Möglichkeit, ihn in der Umgebung auf einem Baum oder Busch zu entdecken. Man kann dann versuchen, ihn mit Schmeicheleien, einem Leckerbissen oder im glücklichsten Fall mit dem Vogelpartner in den Käfig zurückzulocken. Gelingt das nicht und ist ein Gartenschlauch zur Hand, spritzen sie ihn mit sanftem Strahl so naß, daß er vorübergehend nicht fliegen kann und sich fangen läßt. Garantiert erfolgversprechend sind diese Methoden jedoch nicht.
Deshalb mein Rat: Lassen Sie im Vogelzimmer mindestens ein Fenster mit einem punktgeschweißten Gitter von 13 x 13 mm Maschenweite für kleinere Arten, mit 25 x 25 mm für größere anbringen. So ist der Raum jederzeit zu lüften, bei gutem Wetter darf das Fenster stundenlang offen bleiben.

Erziehungsversuche
Nachdem Ihr Papagei die Umgebung außerhalb seines Käfigs ein wenig erkundet hat, sollte er weitgehend selbst entscheiden dürfen, ob er sich im Käfig oder auf dem Freisitz aufhalten möchte. Alles, was ihm interessant erscheint, untersucht er genau mit dem Schnabel. So wird er sicherlich an Tapeten, Büchern, Kabeln, Teppich, Zimmerpflanzen oder anderem nagen, um deren Beschaffenheit zu ergründen. Ihm reizvoll erscheinende kleine Gegenstände transportiert er im Schnabel in seinen Bereich. All das sind Gründe, ihn vorerst nicht unbeaufsichtigt allein außerhalb des Käfigs zu lassen. Doch sollten Sie ihm diese Erkundungen möglichst oft unter Ihrer Aufsicht gestatten. Nur so kann der Vogel wirklich bei Ihnen heimisch werden. Tätigkeiten, die ihm oder der Einrichtung gefährlich werden können, versuchen Sie am besten mit dem »Nein-nein« zu stoppen. Hat das noch keine hinreichende Wirkung, wird der Vogel sofort

Wird die Hand als Sitzplatz akzeptiert und sanft beknabbert, herrscht große Vertrautheit.

mit dem Stock für etwa 10 Minuten in den Käfig gebracht. Er begreift rasch die Zusammenhänge und unterläßt allmählich unerlaubte Dinge. Allerdings sind ihm sicherlich nicht alle Untugenden abzugewöhnen.

Lassen Sie ihn kommen!
Verhalten Sie sich am besten ganz unbeteiligt, wenn der Papagei sich Ihnen nähert. Sprechen Sie mit ihm, aber berühren Sie ihn nicht. Neigt er vor Ihnen das Köpfchen mit leicht gesträubtem Gefieder, bedeutet dies eine Aufforderung zum Kraulen. Gehen Sie darauf ein. Die Zeit größter Vertrautheit ist gekommen, wenn er Sie eines Tages am Ärmel zupft, sacht Ihre Hand beknabbert oder gar über Ihren Arm die Schulter erklettert. Von da an dürfen Sie ihn auch streicheln oder an bisher ungewohnten Stellen kraulen.

Der scharfe Schnabel
Irgendwann passiert es: Ihr Papagei hackt nach Ihnen und erwischt Sie empfindlich mit seinem Schnabel. Auslöser dieser »Tat« sind Unsicherheit, Angst oder eine Empfindlichkeit. Beim Kraulen kann man beispielsweise einen nachwachsenden Federkiel so ungeschickt berühren, daß es den Papagei schmerzt und er sich instinktiv durch einen Biß wehrt. Mit zunehmender Vertrautheit hackt oder beißt er aber nur noch zu seinem Spaß, weil er sich auf das »Au-au«-Gezeter freut, über Ihren Schrecken oder weil er Sie »bestrafen« will. Aber Sie werden es bemerken, die Schnabelhiebe fallen dann nur noch symbolisch aus, sie verletzen nur selten schmerzhaft. Einige Papageien haben geradezu eine diebische Freude daran, Fremde zu zwicken. So sagt der liebenswerte Amazonen-Mann Jojo erst

Für ihre Aktivitäten verwenden Goffin-Kakadus geschickt kleine Gegenstände.

»Aua, aua«, ehe er beißt, und beginnt anschließend herzzerreißend zu weinen. Man sollte das Zwicken oder Hacken dem Papagei nicht verübeln, sondern als Spaß auffassen, der leider manchmal etwas weh tut.
Wichtig: Kleinen Kindern und Fremden nie engen Kontakt mit dem Papagei gestatten. Kinder können von dem Papagei leicht verletzt werden. Auch Fremden gegenüber hat er keine Hemmungen, den Schnabel einzusetzen.

Flügel stutzen, ja oder nein?
Kleine Papageienarten: Zunächst ein klares Nein zum Flügelstutzen für alle kleinen Arten, die flink und wendig, gern und viel fliegen. Das sind zum Beispiel: Mohrenkopf- und Goldbugpapageien, Agaporniden (Unzertrennliche), Sperlingspapageien, Weißbauchpapageien und andere zierliche Arten.
Das Nein gilt auch für alle Papageien, die mit der Hoffnung auf Bruterfolge in Flugvolieren gehalten werden.
Große Papageienarten: Obwohl gut eingewöhnte große Papageien als Heimvögel nur selten ausgiebig fliegen, nutzen flugfähige Vögel ab und zu doch gerne die Gelegenheit dazu. Besonders reizvoll sind dabei Flüge von Zimmer zu Zimmer oder von Etage zu Etage. Da man aber eine große Wohnung oder ein ganzes Haus nicht absolut »vogelsicher« einrichten kann, birgt das Fliegen große Gefahren für die Papageien (→ Gefahrenkatalog, Seite 35). So naturwidrig es auch sein mag, einen Papagei durch das Stutzen der Federn flugunfähig zu machen, so segensreich kann sich dies aber gerade für den Heimvogel auswirken. Ein flugunfähiger Papagei darf beispielsweise unter Aufsicht im Garten klettern, auf der Schulter seines Halters Spaziergänge erleben und mit seinem Freisitz auf Balkon oder Terrasse gebracht werden. Außerdem muß er wesentlich seltener in den Käfig, weil er weniger anstellen kann als ein fliegender Vogel.
Mein Tip: Ist der Vogel ohne Aufsicht auf der Terrasse oder dem Balkon, könnte er dennoch flatternd über die Brüstung entweichen. Selbst im Erdgeschoß drohen ihm Gefahren (Katzen, Hunde, Autoverkehr). Flattert er von einer höheren Etage in die Tiefe, kann dies für ihn zum tödlichen Absturz werden. Deshalb vor die Brüstung ein Katzennetz spannen (im Zoofachhandel erhältlich).

Kakadu auf dem Hochseil.

Zu dem Bild:
Dieser Kakadu vollführt fast täglich sein Kunststück auf dem Hochseil unter der Zirkuskuppel. Viele Papageien haben als Heimtiere auch Spaß daran, kleine Kunststückchen zu erlernen. Zum einen bietet es Abwechslung, zum anderen erregen sie damit Aufmerksamkeit.

Kletterbaum und Freisitz

Kein Käfig und keine Voliere darf ständiger Aufenthaltsort für einen Papagei sein. Er muß täglich fliegen und seine Neugierde auch außerhalb des Käfigs befriedigen dürfen. Damit der Papagei im Zimmer einen Ruheplatz, eine Lande- und Beschäftigungsmöglichkeit hat, braucht er einen Kletterbaum oder einen Freisitz. Im Idealfall steht ein Kletterbaum oder Freisitz schon geraume Zeit im Zimmer, so daß der Papagei ihn bereits vom Sehen kennt.

Der Kletterbaum

Zeichnung 1

Geschickte Bastler können einen stabilen Kletterbaum selbst basteln. Sie brauchen dazu einen starken, möglichst verzweigten Ast. Besorgen Sie sich einen großen Holzbottich und einen stabilen Christbaumständer. Stellen Sie den Ständer in den Bottich hinein. Verankern Sie den Ast fest mit den Schrauben des Christbaumständers. Beschweren Sie den Boden des Bottichs mit dicken Steinen. Geben Sie darauf eine Schicht groben Kies, Erde und als Abschluß Vogelsand. Damit ein recht verzweigter Kletterbaum entsteht, können zusätzlich Sitzäste aus Naturholz (→ Seite 12) im Baum befestigt werden. Die Sitzäste müssen sowohl im Käfig als auch im Kletterbaum von Zeit zu Zeit erneuert werden, denn Papageien benagen die Äste ausgiebig. Für kleinere Papageien genügt es, wenn Sie im Vogelbaum Beschäftigungsgegenstände wie eine Bastquaste, ein Holzspielzeug mit Lavastein (aus dem Zoofachhandel) und ein Bündel Zweige (20 cm lange Stücke) anbringen. Große Papageien erhalten zusätzlich einen kleinen Korb aus naturbelassenem Geflecht, in welchem der Papagei stets Obst und Gemüse vorfindet, und zwei Futternäpfe. In einen Napf geben Sie Körnerfutter (→ Grundnahrung, Seite 37), in den anderen frisches Wasser.

Der Freisitz

Zeichnung 2

Wer nicht basteln kann oder möchte, greift auf das Angebot des Zoofachhandels zurück und kauft einen Freisitz für Papageien. Dieser Freisitz wird auf dem Käfigdach angebracht. Erweitern Sie die Sitz- und Klettermöglichkeiten auch noch durch zusätzliche Naturäste, Leitern und Bretter so, daß verschiedene Ebenen entstehen. Benutzen Sie zum Verankern starke Stricke, die Sie vor dem Binden anfeuchten. So werden die Verbindungen besonders fest. Erneuern Sie die Naturäste, wenn der Papagei sie stark benagt hat. Statten Sie den Freisitz ebenso aus, wie ich es für den Kletterbaum beschrieben habe.

Der richtige Platz für Kletterbaum oder Freisitz

Einem großen Papagei wie Amazone, Graupapagei oder Kakadu stellt man den Kletterbaum oder den Freisitz so nahe an den Käfig, daß der Vogel ihn kletternd von seiner Behausung aus erreichen kann. Kleineren Arten wie Sperlingspapageien, Agaporniden, einem Mohrenkopf- oder Goldbugpapagei plaziert man den Vogelbaum oder den

1 | *Kletterbaum für Papageien. Mit etwas handwerklichem Geschick können Sie ihn selbst bauen. Ragen die Äste nicht über den Bottichrand hinaus, landet alles, was zu Boden fällt, im Sand des Bottichs und kann leicht entfernt werden.*

Freisitz lieber in eine andere Zimmerecke, denn die kleinen Papageien fliegen gerne. Bieten Sie ihnen keinerlei Nahrung am Kletterbaum oder am Freisitz an, sondern nur Beschäftigungsmaterial. So müssen sie stets zum Käfig fliegen, wenn sie essen oder trinken wollen. Im übrigen muß der Platz für Freisitz oder Kletterbaum folgende Voraussetzungen erfüllen:

- Zugfrei.
- Keine direkte Sonneneinstrahlung, jedoch hell und möglichst mit Sicht aus dem Fenster.
- Eine Wand sollte Rückendeckung bieten. Am besten steht der Kletterbaum in einer hellen Ecke, die von zwei Seiten Deckung bietet. Geschützte Zonen lassen sich auch durch geeignete Zimmerpflanzen schaffen.

Pflanzen im Vogelzimmer

Auch wenn Ihr Papagei sich tagsüber vorwiegend außerhalb seines Käfigs aufhält, müssen Sie im Vogelzimmer nicht auf Zimmerpflanzen verzichten. Zimmerpflanzen schaffen eine heimelige Atmosphäre für den Papagei, können ihm Sichtschutz gewähren oder Rückendeckung. Allerdings sollte er die Pflanzen nicht erreichen können, sonst fallen sie seinem Schnabel anheim und leben nicht lang. Das ist etwas schwierig, denn flugfähige Vögel erreichen die Pflanzen auch, wenn diese auf glattwandigen hohen Steinsockeln stehen, die ein Papagei nicht kletternd erklimmen kann. Um so wichtiger ist es deshalb, giftige Pflanzen aus dem Vogelzimmer zu verbannen. Wenn überhaupt, sollten Sie nur rasch wachsende, preiswerte Gewächse dort halten, die leicht zu ersetzen sind.

Giftige Zimmerpflanzen: Becherprimel, Brechnußbaum *(Strychnos vomica)*, *Catharanthus*, Christusdorn, alle *Dieffenbachia*-Arten, Eibe, Hyazinthe, Immergrün *(Vinca minor)*, alle Nachtschattengewächse, beispielsweise der Korallenstrauch, Madagaskarpalme *(Pachypodium)*, Narzissen, Oleander, Beeren der Spitzblume *(Ardisia)*, Weihnachtsstern, Wunderstrauch *(Codiaeum variegatum)*, Wüstenrose, Beeren vom Zierspargel.

Folgende Pflanzen sind zwar nicht giftig, enthalten aber schleimhautreizende Substanzen, die einem Papagei schaden können: Efeu, Fensterblatt *(Monstera)*, Flamingoblume, Goldtrompete, Kolbenfaden *(Aglaonema)*, Philodendron, *Schefflera*. Vorsicht vor allen Kakteen und Pflanzen mit stacheligen Teilen; der Vogel kann sich an den Stacheln die Augen verletzen.

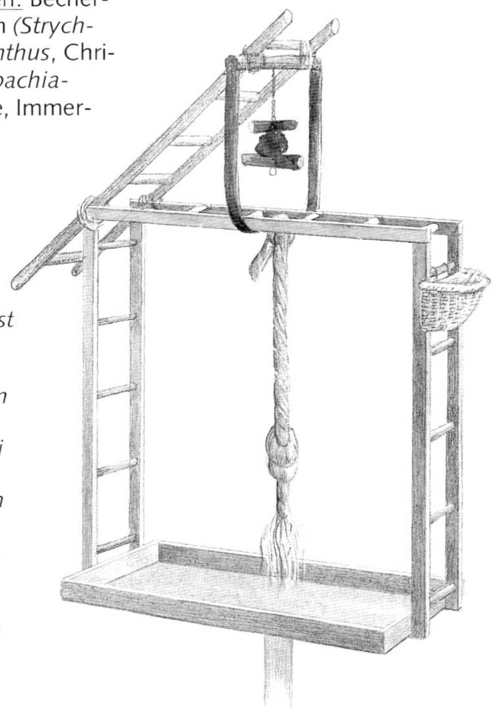

2 | *Freisitz für Papageien. Diesen Freisitz können Sie kaufen. Er ist jedoch etwas spärlich ausgestattet. Mit ein paar Naturästen können Sie rasch mehrere Sitzebenen für den Papagei schaffen. Bringt man zusätzlich ein Körbchen aus naturbelassenem Geflecht an, in dem frisches Gemüse liegt, steht auch ständig gesundes »Naschwerk« zur Verfügung.*

So werden die Flügel gestutzt

An beiden Flügeln kürzt man sechs bis acht Federn der Arm- und Handschwingen, und zwar jede zweite, mit der zweiten von außen beginnend. Diese Federn werden mit der Schere 2 bis 3 cm über dem Kiel abgeschnitten (→ Zeichnung, links). Es gibt auch noch eine andere Beschneidungsmethode, die Sie auf der oberen Zeichnung sehen können. Gut darauf achten, daß die Federn voll ausgewachsen sind und nicht mehr im Blutkiel stecken. Solange sich Blut im Kiel befindet, wachsen die Federn noch und werden mit Aufbaustoffen aus der Blutbahn versorgt. Würde ein Blutkiel verletzt, käme es zu unnötigen Schmerzen und Blutverlust.

Mein Tip: Wenn Sie noch nie die Flügel eines Papageis gestutzt haben, lassen Sie es sich zuerst vom Tierarzt oder vom Zoofachhändler zeigen, ehe Sie es selbst versuchen.

Wichtig: Immer beide Flügel in der beschriebenen Weise stutzen, niemals nur einen Flügel. Beidseitig gestutzt kann der Vogel noch gefahrlos zu Boden flattern oder sich flügelschlagend vor Verfolgern in Sicherheit bringen. Ist aber nur ein Flügel gestutzt, verliert der Vogel beim Flattern das Gleichgewicht und kann gefährlich stürzen. – Die gekürzten Federn wachsen im Laufe von Wochen oder Monaten nach. Sie müssen deren Wachstum beobachten, denn eines Tages ist Ihr Papagei wieder voll flugfähig. Die Gefahr des Entfliegens wäre dann doppelt groß, da keine Vorsichtsmaßnahmen mehr getroffen wurden.

Flügel stutzen: Auf der oberen Zeichnung werden an beiden Flügeln die Armschwingen und die inneren Handschwingen gestutzt. Die untere Zeichnung zeigt eine andere Beschneidungsmethode. Hier werden an beiden Flügeln jeweils jede zweite Feder der Arm- und Handschwingen gekürzt.

Feuchtigkeit für das Gefieder

Papageien kommen fast ausschließlich aus Klimazonen mit hoher Luftfeuchtigkeit. Die Luftfeuchtigkeit sorgt für den wachsartigen Glanz auf den Federn und läßt das Gefieder schimmern. Die trockene Luft in unseren Wohnungen und die völlig anderen Klimaverhältnisse machen das Gefieder von Papageien stumpf. Der Staub der Puderdaunen führt zu Juckreiz und veranlaßt die Vögel, vermehrt darin zu nesteln. Nur ausreichend häufiges Befeuchten kann Gesundheit und Schönheit des Gefieders erhalten und das Wohlbefinden der Vögel fördern. Mindestens zweimal wöchentlich sollten Sie deshalb Ihrem Vogel ein lauwarmes Voll- oder Sprühbad ermöglichen.

Ein Bad für kleine Arten: Viele kleine Papageien tauchen Bauch, Kopf und wechselseitig beide Flügel freudig erregt ins Wasser. Sind die Vögel zahm, kann man ihnen außerhalb des Käfigs einen großen Blumentopfuntersetzer aus Ton mit lauwarmem Wasser anbieten. In ihm können sie besser die Flügel ausbreiten als in einem Badehäuschen. Ist der Untersetzer für die größeren unter den Kleinen nicht mehr ausreichend, besorgen Sie sich eine rechteckige Schale aus Kunststoff, wie man sie als Katzentoilette oder als Schale eines Hamsterkäfigs verwendet.

Das Sprühbad für große Papageien: Die meisten großen Papageien baden nicht, sondern genießen ein lauwarmes Sprühbad aus der Blumenspritze. Wenn Sie Ihren Papagei zum ersten Mal besprühen, halten Sie etwa 2 m Abstand und besprühen Sie ihn zunächst nur sacht. An seiner Reaktion merken Sie schnell, ob ihm das Bad gelegen kommt oder ob es ihn irritiert. Versucht er, dem Strahl auszuweichen, zieht er sich auf den äußersten Ast zurück, ist ihm das Bad im Augenblick nicht angenehm. Breitet der Vogel aber die Flügel aus, dreht und wendet er sich so, daß der Wasserstrahl möglichst alle Körperpartien erreicht, war das Bad schon überfällig. Der Vogel muß dabei

Solch akrobatische Turnübungen sind bei Papageien an der Tagesordnung.

Äste zum Klettern sind für Papageien unentbehrlich. Sie bieten Abwechslung vom Käfigdasein und ermöglichen dem Papagei, seine Kletterkünste zu erproben.

aber nicht tropfnaß werden, nur ein feiner Wasserfilm soll auf den Federn sein.

Viele lieben das Taubad: Unabhängig von der Körpergröße lieben viele Papageien ein Bad in feuchten Kräutern oder Blättern. Diese Vorliebe läßt sich mit Sicherheit auf die Lebensgewohnheiten freilebender Papageien zurückführen. Sie suchen früh morgens ihre Nahrung im taunassen Gras. Dabei befeuchten sie ihr Gefieder. Befestigt man ein Bündel noch nasser Kräuter (→ Seite 39), zum Beispiel mit einer Wäscheklammer aus Holz, auf dem Käfigdach, versuchen sie begeistert, sich daran zu befeuchten. Noch größer wird das Vergnügen, wenn man ihnen nasse Blätter in einer größeren flachen Schale anbietet und sie sich darin tummeln können (→ Zeichnung, Seite 22).

Mein Tip: Für das Taubad keine Blätter von grünem Kopfsalat verwenden. Er wird gegen Schädlinge und rasches Welken gespritzt. Diese Stoffe lösen sich im Wasser und können dem Vogel schaden.

Wichtig: Niemals eine Blumenspritze benützen, die schon einmal mit Pflanzenschutzmitteln in Berührung gekommen ist! Nach jeglichem Bad für gleichmäßige Wärme ohne die geringste Zugluft sorgen!

Pflegeplan

Täglich

Vom Käfigboden und vom Fußboden rund um den Freisitz alle Nahrungsreste und Exkremente entfernen. Den Fußboden um den Freisitz am besten mit abwaschbarer Folie auslegen. Den Käfigboden mit frischem Sand, Einstreu oder sauberem Papier bedecken.

Verschmutzte Äste feucht abwischen, wenn nötig, zuvor mit Sandpapier abreiben.

Alle Näpfe ausleeren, heiß waschen, abtrocknen und neu füllen.

Nachmittags prüfen, ob noch genügend Körnernahrung in den Näpfen ist, und nötigenfalls nachfüllen.

Wöchentlich

Bodenschale und Sandschuber des Käfigs warm auswaschen und trockenreiben.

Vorhandene Beschäftigungsgegenstände im Käfig oder Kletterbaum wie Spiegel, Glocke oder anderes heiß waschen und abtrocknen.

Monatlich

Den Käfig leeren und ohne die Bodenschale in der Badewanne heiß abbrausen und trockenreiben.

Zernagte Äste im Käfig und am Kletterbaum durch frische, heiß gewaschene und gut getrocknete ersetzen.

Sitzstangen aus Naturholz müssen von Zeit zu Zeit erneuert werden.

Wichtig: Zum Saubermachen keine Spül- oder Putzmittel verwenden, da sie für den Vogel giftig sind. 55 Grad warmes Wasser genügt völlig und ist ungefährlich.

Papageien-Alltag
Die Gefiederpflege: Im Laufe eines Tages zieht der Papagei jede einzelne Feder durch den Schnabel, um sie zu glätten und allen Staub zu entfernen. Diese ausdauernde Gefiederpflege verteilt sich über den ganzen Tag und dauert mit Unterbrechungen immer wieder 20 bis 30 Minuten.
Die Nahrungsaufnahme: Beim Erwachen am Morgen hat der Papagei als erstes das Bedürfnis, zu essen und zu trinken, denn nach der langen Nachtruhe benötigt er Energiezufuhr. Sie sollten deshalb dafür sorgen, daß der Vogel morgens – im unverdunkelten Zimmer bereits bei Anbruch des Tages – Körnernahrung vorfindet, auch wenn Sie vielleicht erst nach ihm erwachen. Bringen Sie später die frische Tagesration mit Obst und Gemüse, wird er bestimmt neugierig das Angebot prüfen und da und dort kosten. Während des Tages begibt sich der Vogel öfter zu den Futternäpfen und nimmt etwas zu sich, doch meist speist er morgens und am späten Nachmittag ausgiebig.
Die Schnabelarbeit: Je mehr geeignetes Material Sie Ihrem Papagei hierfür zur Verfügung stellen, desto weniger wird er sich an der Einrichtung vergreifen. Außer Obst, Gemüse und täglich frischen Zweigen – im Frühling mit Knospen und jungem Laub daran – können Sie ihm auch Katzengras anbieten oder in Blumentöpfen selbst gezogene Kräuter und Vogelmiere (→ Ernährung, Seite 41). Nüsse sollten so angeknackt sein, daß der Vogel beim Versuch, sie zu öffnen, Erfolg hat, sonst läßt er sie achtlos fallen. Große Papageien beschäftigen sich gern mit einem Hundeknochen aus Büffelhaut, mit leeren Garnrollen, einem Stückchen Holz, je nach Schnabelstärke Weich- oder Hartholz. Mit großer Freude zerlegen alle Papageien Körbe, zerreißen Postkarten oder leere Papprollen von Küchenpapier.
Ruhepausen: Zwischen allen Aktivitäten legen Papageien tagsüber Ruhepausen ein, in denen sie teilweise richtig schlafen, den Schnabel ins Rückengefieder versteckt, meist auf einem Bein ruhend, oder sie dösen ein wenig mit halbgeöffneten Augen vor sich hin.
Das gefürchtete Schreien: Ein zufriedener Papagei wird als Heimvogel nicht mehr häufig die ganze Gewalt seiner Stimme hören lassen. Schreit er aber dennoch einmal in urwaldähnlichen Tönen, will er meistens irgendwas durchsetzen oder fühlt sich vernachlässigt. Können Sie nicht herausfinden, aus welchem Grund Ihr Papagei so mörderisch schreit, und es geht Ihnen auf die Nerven, dann decken Sie den Käfig mit einem Tuch zu, bis er sich beruhigt hat. Sitzt er nicht im Käfig, hilft meist ein kleines Gespräch mit dem Papagei, eine Kraul-Runde oder ein Leckerbissen.

Papageien sind klug
Papageien gehören unbestritten zu den intelligentesten Vögeln der Welt. Unter ihnen zählen einige Kakadus, Aras, Amazonen und der Graupapagei zu den gescheitesten. Fast alle Papageien lernen alles mögliche nachzuahmen und den Gegebenheiten ihrer Umwelt etwas abzugewinnen, viele beweisen aber auch einsichtiges Handeln und verständige Eigeninitiative. Allein das gute Gedächtnis der Papageien darf als Intelligenzbeweis gewertet werden.
Der Ornithologe von Lucanus hielt neben einem Graupapagei auch einen zahmen Wiedehopf, der von seinem Besitzer und vom Papagei Höpfchen genannt wurde. Als Höpfchen starb, wurde nicht mehr von ihm gesprochen. Nach neun Jahren bekam Herr von Lucanus wieder einen Wiedehopf. Als der Graupapagei diesen zum ersten Mal sah, rief er begeistert »Höpfchen, Höpfchen«.

Bei der Gefiederpflege führen Kakadus oft einen kleinen Zweig mit dem Fuß zum Kopf, um die Federn ausgiebiger bearbeiten zu können. Der Einsatz von Hilfsmitteln für diese Tätigkeit zeugt wiederum von der Intelligenz dieser Vögel.

Nach den Erfahrungen von Papageien-Experten ist die Reihenfolge der am sprechbegabtesten Papageien folgende: Graupapagei, Gelbnacken-, Gelbscheitel-, Rotbugamazone, einige Kakadus. Doch auch wenn Ihr Papagei nicht sprechen lernt, sondern besser Melodien nachpfeift oder Geräusche imitiert, sollten Sie nicht enttäuscht sein.

Freude an Kunststückchen: Viele Papageien haben als Heimvögel Spaß daran, kleine Kunststückchen zu erlernen und damit Aufmerksamkeit zu erregen. So erlebte ich vor Jahren bei Freunden ein Pärchen Goldbugpapageien. Einer der Vögel hatte eine Erfindung gemacht: Jedesmal wenn der Eßtisch gedeckt war, holte der kleine Papagei ein Glöckchen aus dem Käfig. Er hielt es an einem Kettchen im Schnabel, flog zur Lampe über dem Eßtisch, hing dort kopfunter am Lampenschirm und ließ das Glöckchen erklingen, bis alle Familienmitglieder um den Tisch versammelt waren.

Die Sprache der Papageien

Papageien verfügen über ein arteigenes stimmliches Verständigungssystem, das allerdings nur von Artgenossen verstanden wird. Doch können Sie sicherlich bald schon einige Laute richtig deuten, denn sein Lautrepertoire dient dem Papagei auch als Heimvogel dazu, Stimmungen auszudrücken. So kann er aus Wohlbehagen knurren, aufgeregt fauchen, entspannt mit dem Schnabel knirschen und außer Schreien auch leise Töne von sich geben. Allmählich mischen sich diese Naturlaute mit denen, die der Papagei in seiner Umgebung oft hört und nachahmt. Es ist bekannt, daß Papageien das Miauen einer Katze, das Bellen eines Hundes, das Schreien eines Babys und vieles andere nachahmen. Papageien ahmen aber nicht nur Geräusche nach, sondern lernen auch das Sprechen von Wörtern und kleinen Sätzchen. Meist beginnt das mit Ausdrücken, die zu bestimmten wiederkehrenden Situationen passen. Das können zum Beispiel das »Hallo« am Telefon, der Gutenacht- und Gutenmorgengruß, Namen, die oft gerufen werden, häufig ertönende Flüche oder kurze Redewendungen sein. Weil derartige Ausdrücke immer wieder situationsgebunden gebraucht werden, sagt sie der Papagei natürlich auch in den entsprechenden Momenten. Ich sagte beispielsweise zu Moses immer »Ich komm bald wieder«, wenn ich das Zimmer verließ. Stehe ich heute auf, um wegzugehen, sagt Moses prompt »Komm bald wieder«, das »Ich« hat er nie aufgenommen.

So können Sie die Sprechbegabung fördern

Wenn Sie sich wünschen, daß Ihr Papagei spricht, sollten Sie viel, deutlich und langsam mit ihm reden. Am besten sagen Sie stets dasselbe Sätzchen, wenn Sie ihm etwas zu essen bringen, wenn Sie weggehen und wieder zurückkommen. Begleiten Sie auch Tätigkeiten, die Sie vor den Augen des Vogels ausführen, mit kleinen Kommentaren. Sie werden es bald hören, wieviel Ihr Papagei davon aufnimmt und wann er es wiedergibt. Natürlich schenkt der Papagei Ihren Worten die größte Aufmerksamkeit, wenn er durch nichts abgelenkt wird. Sollte sich herausstellen, daß Ihr Papagei kein Talent zum Sprechen hat, versuchen Sie es mit Pfeifen oder Singen. Viele Papageien lauschen einem Lied, sei es gesungen oder gepfiffen, hingebungsvoll und versuchen alsbald, wenigstens einige Töne nachzumachen.

Zwei Papageien aneinander gewöhnen

Ältere Papageien können sich häufig nicht mehr an einen Menschen gewöhnen. Es kann auch sein, daß Sie für Ihren einzelnen Papagei plötzlich wesentlich weniger Zeit haben als vorher. Der beste Ausweg aus dem Dilemma ist dann ein zweiter Papagei zur Gesellschaft des anderen.

Diese Blaustirnamazone ist auf der Suche nach einer geeigneten Nisthöhle.

Wie vorgehen?

Ideal ist natürlich ein Papagei der gleichen Art als Partner für Ihren Papagei. Aber auch ein andersartiger Papagei von annähernd gleicher Größe könnte in Frage kommen. Wenden Sie sich an die Zoofachhandlung, die Ihnen Ihren Papagei beschafft hat, oder gleich an einen Züchter. Selbst wenn wirklich ein Papagei nach Ihren Wünschen zu haben ist, kaufen Sie ihn auf keinen Fall sofort. Es ist nämlich durchaus möglich, daß die beiden Vögel nicht miteinander harmonieren. Versuchen Sie mit dem Zoofachhändler oder dem Züchter ein Arrangement zu treffen, das es Ihnen ermöglicht festzustellen, ob sich die beiden Papageien vertragen. Ein verantwortungsbewußter Zoofachhändler beziehungsweise Züchter wird Ihnen diese Möglichkeit einräumen.

Es ist soweit

Sie brauchen unbedingt zunächst einen zweiten Käfig (kaufen oder leihen) für den Neuankömmling. Stellen Sie beide Käfige mit je einem Papagei darin nebeneinander. Beide Käfigtüren bleiben geschlossen. Die Vögel können sich jetzt sehen und hören, ohne miteinander in direkte Berührung zu kommen. Am nächsten Tag dürfen Sie Ihren Papagei wieder aus dem Käfig lassen. Jetzt können Sie deutlicher als zuvor die Reaktion Ihres Vogels auf den Neuankömmling beobachten. Ignoriert er ihn oder zieht es ihn immer wieder zu dem Käfig seines Artgenossen? Nimmt er Stimmkontakt auf oder versucht er gar, den Neuen durch die Gitterstäbe zu berühren? Sobald der Neuankömmling den Umgebungswechsel überwunden hat und Gelassenheit zeigt, dürfen Sie auch ihm die Freiheit im Zimmer gewähren. Doch bitte alle Vorsichtsmaßnahmen beachten, die Sie auch beim ersten Ausflug Ihres Papageis treffen mußten (→ Den ersten Ausflug vorbereiten, Seite 22). Sicherlich nähern sich die Vögel zunächst vorsichtig einander. Der Neuankömmling ist in jedem Fall im Nachteil. Wohin er sich auch begibt, er befindet sich im angestammten Territorium Ihres Papageis. Jetzt hängt viel von der Wesensart Ihres Papageis ab. Kommt es tatsächlich zu einer Streiterei, greifen Sie ein, indem Sie Ihren Papagei auf den Stock steigen lassen und ihn wegtragen. Fliegt der andere ihm nach, lassen Sie die beiden wieder gewähren. Kleine Auseinandersetzungen sind nötig, um einander kennenzulernen.

Kommt es zu keinerlei Aggressionen, sitzen die Vögel gar nebeneinander und kraulen sich gegenseitig, ist alles gewonnen. Die Vögel können jetzt auch gemeinsam in einer geräumigen Zimmervoliere (→ Seite 11) untergebracht werden. Doch beobachten Sie die neue Zweisamkeit noch eine ganze Weile, ehe Sie die Papageien für längere Zeit sich selbst überlassen. Keinesfalls darf es zur Gewohnheit werden, daß einer den anderen jagt, beißt oder ständig vom Futternapf vertreibt. Tritt dieser Fall tatsächlich ein, müssen Sie den Neuankömmling wieder abgeben.

Wohin mit dem Papagei, wenn...

...Sie verreisen möchten oder unverhofft in eine Klinik müssen? An das Problem sollten Sie schon denken, wenn es noch gar nicht aktuell ist, denn es ist nicht so einfach, einen guten Vogelpfleger zu finden. Folgende Lösungen bieten sich an:

Zu Hause in seiner vertrauten Umgebung fühlt sich der Papagei natürlich am wohlsten. Doch dann muß ein zuverlässiger Mensch Sie vertreten und während Ihrer Abwesenheit bei Ihnen wohnen.

Ausquartieren, vielleicht zu Freunden oder Verwandten, könnten Sie den Vogel auch. Sie müssen dann allerdings nicht nur den Papagei transportieren, sondern alle seine Utensilien. Einige vertraute Dinge – vor allem den Käfig und den Freisitz – braucht der Vogel, um sich mit der fremden Umgebung abfinden zu können.

Wichtig: In beiden Fällen sollte Ihr Papagei den Vogelpfleger vorher kennenlernen und ihn auch mögen. Abgesehen von genauen Anweisungen für die tägliche Versorgung müßten Sie auch Nahrung bereitstellen und dem Pfleger Geld für die Frischkost geben.

Mein Tip: Tierheime verfügen über Adressen von Vogelfreunden, die vorübergehend Vögel in Pflege nehmen.

Zoofachhandlungen nehmen für etwas Geld oft auch einen Papagei in Pflege. Dort hat er zwar keine sehr persönliche Betreuung und darf nicht fliegen, doch

Gefahren für den Papagei

Gefahren	Vermeiden der Gefahr
Badezimmer: Wegfliegen bei gekipptem Fenster, Ertrinken im offenen WC.	Badezimmertür geschlossen halten. Vogel darf nur mit Ihnen ins Bad.
Offene Türen: Werden als Sitzplatz genützt, Einklemmen der Füße beim Schließen der Türe.	Sich stets zuvor vergewissern, wo der Vogel sitzt!
Fußboden: Vogel spielt am Boden, er kann durch Tritt getötet werden.	Äußerste Vorsicht angewöhnen.
Gefäße mit Wasser: Vogel rutscht in Eimer, Schale, großes Glas oder Vase und ertrinkt (Seifenschaum wird als Landefläche angesehen).	Gefäße zudecken, Vogel bei Hausputz nicht frei fliegen lassen.
Schränke, offene Schubladen: Der Vogel wird unbemerkt eingeschlossen und erstickt oder verhungert.	Niemals geöffnet lassen, auch keinen Spaltbreit.
Gifte: Tödliche Vergiftungen möglich durch Alkohol, Blei, Bleistiftspitzen, Filzstift- und Kugelschreiberminen, starke Gewürze, Grünspan, Klebemittel, Lacke, Leime, Lösungsmittel, Pflanzendünger, Plastikfolie, Putzmittel, Quecksilber, stark riechende Sprays, Waschmittel, starken Zigarettenrauch.	Alle genannten Stoffe oder Gegenstände für den Vogel unerreichbar aufbewahren. Spuren restlos entfernen. Bitte auch nachlesen, ob keine giftigen Pflanzen im Vogelzimmer stehen (→ Seite 27).
Herdplatten: Tödliche Verbrennungen beim Landen auf noch heißer Herdplatte.	Auf unbenützte heiße Herdplatte Kessel mit kaltem Wasser stellen. Vogel nie unbeaufsichtigt in der Küche fliegen lassen.
Kerzenflamme: Tödliche Verbrennungen beim Durchfliegen der Flamme.	Auf Kerzenlicht bei frei fliegendem Vogel verzichten.
Papierkorb, Ziergefäße: Hineinrutschen, Verhungern oder Herzschlag aus Angst, da Vogel nicht allein heraus kann.	Korbware verwenden, glatte Innenwände mit Drahtgeflecht auskleiden. Ziergefäße mit Sand füllen.
Pralle Sonne, überhitztes Auto: Herzschlag durch Hitzestau.	Schattenplatz ermöglichen; Auto lüften.
Öfen, elektrische Geräte: Tod durch Verbrennen.	Für Vogel unerreichbar installieren.
Temperaturunterschiede: Jähe Schwankungen führen zu Erkältung oder Hitzschlag.	Allmähliches Gewöhnen an Temperaturen zwischen 5 und 30 °C.

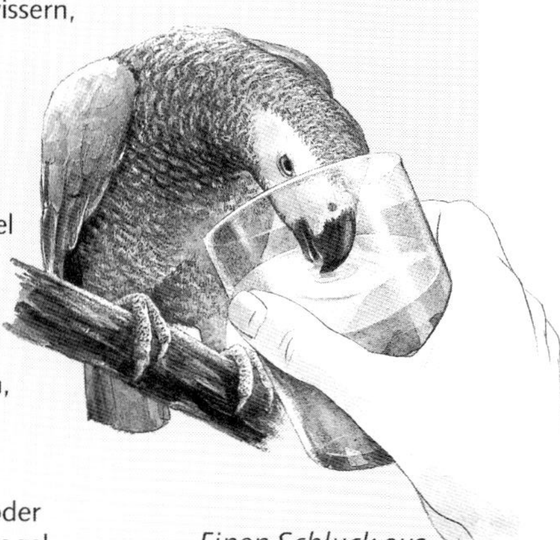

Einen Schluck aus dem Glas dürfen Sie ihrem Papagei gestatten, wenn Wasser, Saft oder Milch darin ist.

Viele große Papageien umgreifen Nahrung mit dem Fuß und führen sie zum Schnabel.

das Ladengeschäft bietet Ihrem Papagei wochentags viel Abwechslung. Erkundigen Sie sich aber, wie es mit der Versorgung an den Wochenenden bestellt sein wird.

Mit dem Vogel verreisen: Das geht nur, wenn Sie ein großes Auto haben und wenn die Reise nicht ins Ausland gehen soll, denn die Einfuhrvorschriften aller Länder verbieten die Einreise für Papageien. Im Auto darf es aber während der Fahrt keinesfalls ziehen. Im Hotel- oder Pensionszimmer müßte der Papagei zu seiner Sicherheit ständig im Käfig bleiben, denn das Personal achtet beim Saubermachen nicht auf geschlossene Türen und Fenster. Ein Zelt ist unzumutbar für einen Papagei, in einem Ferienhaus hingegen könnte sich der Vogel wohlfühlen.

Die richtige Ernährung

Was Papageien fressen

Das Nahrungsangebot ist für Papageien in ihrem natürlichen Lebensraum ungeheuer vielseitg. Sie ernähren sich von Samen, Kernen, Nüssen, Früchten, Gräsern, Kräutern, Knollen, Wurzeln, Rinden, jungen Trieben, Pollen, Knospen und Blütennektar, manche Arten zusätzlich noch von Insektenlarven, Insekten und Wasserschnecken.
Jede Art hat bestimmte Vorlieben für die verschiedenen Nahrungspflanzen entwickelt. Welche genau, ist bis heute noch nicht für alle Arten bekannt. Früher wurden ja ausschließlich Wildfänge zum Kauf angeboten. Es war für den Halter sehr schwierig, solch einen Vogel an für ihn ungewohnte Nahrung heranzuführen.
Heute sind bereits die Jungvögel beim Züchter an die Ernährung mit beschaffbaren Samen, Nüssen, Kräutern und Früchten gewöhnt. Sie vermissen das Nahrungsangebot des natürlichen Lebensraumes nicht, weil sie es gar nicht kennen.
Grundsätzlich kann ich Ihnen nur raten, Ihren Papagei so abwechslungsreich wie möglich zu ernähren. Wolfgang Aeckerlein, ein bedeutender Papageienkenner und Tierarzt, ist der Meinung, daß besonders einzeln gehaltene Papageien zu einseitig ernährt werden. Einseitige Nahrung, die aus dem üblichen Körnerfutter und hin und wieder einem Stück Apfel besteht, führt zu Vitaminmangelkrankheiten und Leberschäden.

Körner als Grundnahrung

Zoofachhändler oder Züchter haben Ihnen beim Kauf Ihres Papageis sicher eine Körnermischung empfohlen. Diese Mischung reichen Sie Ihrem Papagei als Grundnahrung. Sie entspricht in der Größe der Körner wahrscheinlich der Schnabelstärke Ihres Papageis.
Beobachten Sie nun genau, ob Ihr Vogel wirklich von allen Samen ißt. Oft »fischt« er sich nur das heraus, was ihm wirklich schmeckt.
Viele Futtermischungen für große Papageien enthalten auch getrocknete Maiskörner. Fast kein Papagei berührt sie, weil sie steinhart sind und erst gekocht (2 Stunden lang) genießbar werden. Nachdem Sie herausgefunden haben, welche Samen Ihr Papagei bevorzugt, können Sie auch eine eigene Mischung zusammenstellen.
Alle Sämereien gibt es getrennt im Zoofachhandel zu kaufen. Damit die Grundnahrung auf Dauer nicht einseitig wird, mischen Sie immer wieder andere Samen darunter, die der Papagei bisher noch nicht bekommen hat. Vielleicht mag er sie, und Sie haben ihm damit eine weitere Quelle lebensnotwendiger Nährstoffe erschlossen.
Wichtig: Wenn Sie Ihrem Vogel als Grundnahrung eine Fertigfuttermischung geben, darf die Ration niemals knapp bemessen sein. Möglicherweise entnimmt er dem Angebot nur einige wenige Samen. Je nach Größe des Näpfchens ein- bis zweimal täglich Körner nachfüllen.

Papageien müssen sehr abwechslungsreich ernährt werden. Einseitige Nahrung kann zu Vitaminmangelkrankheiten und Leberschäden führen. Leberschäden gehören zur häufigsten Todesursache, der Papageien als Heimvögel zum Opfer fallen.

Papageien enthülsen Samenkörner mit Hilfe ihrer Zunge.

Vitaminkur mit gekeimten Körnern

Bekommt Ihr Papagei alle vier bis sechs Wochen für ungefähr zwei Wochen täglich gekeimte Körner, erübrigen sich Vitaminpräparate (→ Wichtige Vitalstoffe, Seite 42) weitgehend. Verwenden Sie zum Keimen nicht nur Körner aus der Grundnahrung (→ Geeignete Samen, Seite 40), sondern auch diese Samen: Nackthafer, Sprießkornweizen, Linsen, Hirse und Samen von Kresse, Rettich, Alfalfa, Senf und Lein aus dem Reformhaus, die auch für die Vollwertküche gebraucht werden.

Keimprobe: Sobald keimfähige Körner Wasser aufnehmen, beginnen in den Körnern chemische Reaktionen, die das Keimen veranlassen. Dabei werden vorhandene Vitamine, Mineralstoffe und Spurenelemente aufgeschlossen, wodurch bereits aufgequollene, mehr noch gekeimte Körner an Wert gewinnen. Keimen etwa 50 % der Samen und schimmeln sie nicht während des Keimens, ist die Nahrung einwandfrei.

Keimrezept

Zeichnung 1

Je nach Größe Ihres Papageis 1 bis 2 Eßlöffel gemischte Samen in eine Schale geben. Samenkörner mit Wasser bedecken und 24 Stunden in der bedeckten Schale quellen lassen.

Zeichnung 2

Die aufgequollenen Samen in ein engmaschiges Sieb schütten und gründlich mit lauwarmem Wasser abspülen.

Die durchgespülten Samenkörner in ein Glasschälchen geben und locker beispielsweise mit einem Glasuntersetzer zudecken. Während der nächsten 48 Stunden die Körner an einem hellen Platz bei Raumtemperatur keimen lassen.

Zeichnung 3

Sobald Keime aus den Körnern sprießen oder schon kleine Stengel emporgewachsen sind, können Sie Ihren Papagei mit der Frischkost versorgen. Vor dem Verfüttern Keime mit lauwarmem Wasser abbrausen und gut abtropfen lassen.

Hinweis: Keimfutter verdirbt schnell. Deshalb – vor allem im Sommer – Futterreste nach 2 Stunden entfernen und den Napf reinigen.

Frischkost richtig anbieten

Obst, Gemüse und Kräuter sind für die Papageienernährung unentbehrlich. Aber einen ganzen Apfel kann auch ein großer Papagei nicht mit dem Fuß festhalten und dann verzehren. Der Apfel muß in »papageiengerechte« Stücke geschnitten werden. Wie Frischkost richtig angeboten wird zeigen Ihnen die Zeichnungen rechts.

1 | *Samenkörner in eine Glasschale geben und mit Wasser bedecken. Glasschale abdecken. Ein Holzspieß sorgt dafür, daß Luft in die Schale dringen kann.*

2 | *Nach 24 Stunden sind die Samenkörner aufgequollen. Sie müssen nun in einem engmaschigen Sieb mit lauwarmem Wasser abgespült werden.*

3 | *Durchgespülte Samenkörner wieder in die Glasschale geben. Schale zudecken und für Luftzufuhr mit Hilfe des Holzspießes sorgen. Samenkörner in der Schale bei Raumtemperatur 48 Stunden quellen lassen.*

Zeichnung 4 und 5
Manche Papageien sind nur mit einem kleinen Trick dazu zu bewegen, Obst und Gemüse zu probieren. Binden Sie beispielsweise ein Stück Paprikaschote mit einer dicken, kurzen Schnur am Kletterbaum oder im Käfig fest. Beim Zerrupfen der Schote nimmt der Papagei etwas davon auf und kommt auf den Geschmack. Frische Kräuter, Wildpflanzen und Blattgemüse werden gebündelt und beispielsweise mit einer Wäscheklammer aus Holz auf dem Käfigdach befestigt.
Mein Tip: Ein Papagei ist neugierig. Probieren Sie in seiner Gegenwart mit sichtlichem Genuß vom Obst und Gemüse. Vielleicht läßt er sich auf diese Weise dazu animieren, etwas von der noch unbekannten Frischkost zu essen.

Zeichnung 6 und 7
Große Papageien halten die Nahrung mit dem Fuß fest. Schneiden Sie deshalb Gemüse und Obst in etwa 2 x 2 cm große Stücke. Legen Sie am besten alles gemischt in eine kleine Schale oder in ein Körbchen. Kleinen Papageien – sie halten ihre Nahrung nicht fest, sondern bearbeiten sie nur mit dem Schnabel – klemmen Sie Obst- und Gemüsespalten zwischen die Gitterstäbe des Käfigs. Sie können beides auch grob raspeln, mit kleingeschnittenem Salat, Blattgemüse, Erbsen und gewürfeltem Obst mischen und in einer möglichst flachen Schale anbieten.

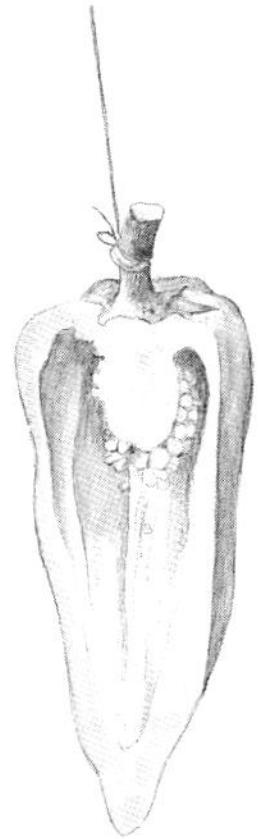

4 | *Binden Sie eine halbe, gut gewaschene Paprikaschote an einer kurzen, dicken Schnur am Kletterbaum oder im Käfig fest.*

5 | *Frische Kräuter können Sie gebündelt mit einer Holzklammer auf dem Käfigdach befestigen.*

Eigenwillige Gewohnheiten
Man kann einen Papagei zu nichts zwingen. Was er nicht mag, berührt er nicht. Andererseits kommt es auch vor, daß ein Papagei die Nahrung nicht so verspeisen will, wie es ihm angeboten wird. Er entwickelt dann oft eigene Freßgewohnheiten. Es gibt zum Beispiel viele Papageien, die ihre Körner im Wassernäpfchen einweichen, ehe sie sie schälen und verzehren. Schon aus diesem Grund sollte man dem Papagei außer einem Wasserspender immer auch noch einen Trinknapf zur Verfügung stellen.

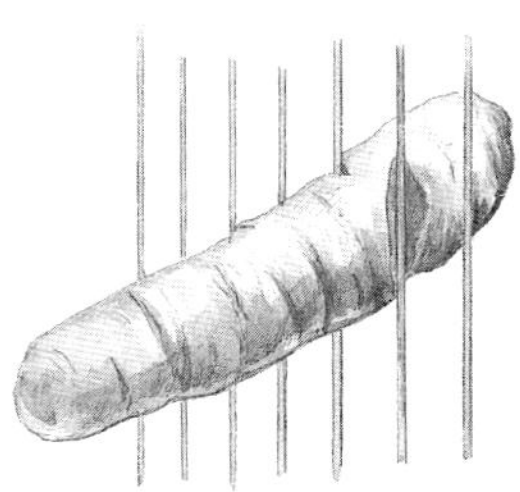

6 | *So wird eine Möhre zwischen die Gitterstäbe des Käfigs geklemmt.*

7 | *Stecken Sie jeweils nur eine geschälte Apfelspalte zwischen die Gitterstäbe.*

Genug genascht, jetzt gewinnt der Teller für den Gelbbrustara an Spielwert.

Geeignete Samen und Saaten für Papageien

Alle aufgeführten Samen sollten den Vögeln auch schon halbreif oder reif an der gebündelten Pflanze oder als Rispen angeboten werden.

Große Papageien:
Sonnenblumenkerne, wenig Hanf, Walnüsse, Erdnüsse, Zirbelnüsse, Kürbiskerne, Weizen, Nackthafer, verschiedene Hirsearten, auch Kolbenhirse, frisches Holz, Rinde, Knospen und junge Triebe.

Hinweis: Nüsse mit »leicht angeknackter« Schale anbieten. So kann der Papagei die Nuß mit dem Schnabel ganz von der Schale befreien. Niemals gesalzene Nüsse geben! Achtung bei Erdnüssen und Zirbelnüssen, sie sind anfällig für Schimmel (→ Auf Qualität achten, rechts), der beim Aufbrechen staubt. Zirbelnüsse müssen ohne Schale dunkel glänzen. Sind sie matt, könnte es sich um schimmeligen Belag handeln.

Mittelgroße Papageien: Kleine Sonnenblumenkerne, wenig Kürbiskerne und Hanf, wenig Negersamen, wenig Leinsamen, Weizen, Nackthafer, Glanz, frisches Holz, Knospen, junge Triebe.

Kleine Papageien: 80 % verschiedene Hirsearten, Kolbenhirse, Glanz, wenig Negersamen, Hanf und Mohn, frische Zweige, Knospen, junge Triebe.

Mein Tip: Sonnenblumenkerne grundsätzlich ungeschält anbieten. Das Schälen der Kerne bedeutet für den Vogel Beschäftigung und bewahrt ihn zugleich davor, aus Langeweile zu viel zu fressen und zu dick zu werden.

Auf Qualität achten
Sämereien, die für Papageien bestimmt sind, dürfen nicht überlagert sein, denn während des Lagerns werden Vital- und Nährstoffe abgebaut. Da das nicht mit dem Auge festzustellen ist, muß der Wert der Sämereien durch die Keimprobe (→ Seite 38) ermittelt werden.
Anzeichen des Verderbs
- Fäulnis: Faule Körner riechen muffig, gesunde Körner sind geruchlos.
- Schimmel: Läßt sich am weißlichgrauen Belag erkennen.

Achtung: Jeglicher Schimmel führt zu tödlichen Krankheiten!
- Ungeziefer: An zusammengeklumpten Körnern und spinnwebfeinen Fäden wahrzunehmen.
- Ranzige Ölsamen: Leider nicht mit dem bloßen Auge zu erkennen. Von jeder gekauften Portion einige probieren. Schmecken sie ranzig, sind sie verdorben und schädlich.
- Giftiges Mutterkorn: Getreidekörner auf das giftige Mutterkorn hin absuchen. Mutterkorn ist schwarz und hat eine dreikantige Form.
- Verschmutzte Körner: Samen und Ölsaaten dürfen nicht verschmutzt sein, die Körner nicht beschädigt. Schmutz enthält Krankheitserreger. Beschädigung verursacht Qualitätsminderung.

Richtig aufbewahren: Wer nur einen oder zwei Papageien hält, kommt mit einer Packung Körnermischung mehrere Wochen aus. In diesem Zeitraum die Körner wie Getreide trocken, luftig und dunkel aufbewahren. Am besten die Mischung in einem Säckchen aus Naturfasern aufhängen. Keinesfalls in ein Schraubglas, eine Blech- oder Plastikdose füllen.

Wildpflanzen zum Sammeln
Samen, Blüten und Blätter bieten hochwertige Frischkost und Beschäftigung für den Papagei, wenn er die Samen aus den Hülsen löst.
Grassamen: Von Einjährigem Rispengras *(Poa annua)*, Wiesenrispengras *(Poa pratensis)*, Waldrispengras *(Poa chaixii)*, Englischem Raygras *(Lolium perenne)*, Wolligem Honiggras *(Holcus lanatus)*.
Blüten und Samen: Von Vogelmiere *(Stellaria media)*, Sauerampfer *(Rumex acetosa)*, Löwenzahn *(Taraxacum officinale)*, Hirtentäschelkraut *(Capsella bursa-pastoris)*.
Hirse- und Knötericharten: Hühnerhirse *(Panicum crus-galli)*, Blut-Fingerhirse *(Panicum sanguinale)*, Grüne Borstenhirse *(Setaria viridis)*, Rispenhirse *(Panicum milaceum)*, Vogelknöterich *(Polygonum aviculare)*.
Beeren und Wildfrüchte: Ebereschenbeeren, die Beeren des Feuerdorns und Hagebutten sind bei vielen Papageien beliebt. Sie lassen sich auch portionsweise für den Winter einfrieren.
Hinweis: Vogelmiere und andere Kräuter lassen sich ganzjährig in Kartons oder Blumentöpfen am Fenster ziehen. Viele Samenstände von Wildpflanzen können Sie einfrieren und haben so einen Wintervorrat.
Achtung: Wildpflanzen nicht an Straßen- und Feldrändern sammeln. Sie sind durch Auspuffgase beziehungsweise Pflanzenschutzmittel vergiftet. Alle Wildpflanzen vor dem Verfüttern mit lauwarmem Wasser abspülen und trockenschwenken.

Obst und Gemüse
Bekommt Ihr Papagei täglich frisches Obst und Gemüse, bleibt er gesund, wird nicht zu dick und behält sein schönes Gefieder.
Rohes Gemüse: Auberginen, Chicorée,

Gemüse und Obst sind für die Ernährung eines Papageis unentbehrlich. Es versorgt ihn mit lebenswichtigen Vitaminen, macht ihn nicht dick, und sein Gefieder behält den schimmernden Glanz.

grüne Erbsen und Erbsenschoten, Stücke von Maiskolben oder ausgelöste Maiskörner, Mangoldblätter, Spinatblätter, kleingerissene Blätter von Eissalat, Chinakohlsalat, Endiviensalat, Radicchiosalat, Feldsalat, Möhren, Zucchini, milde Zwiebeln, Tomaten, Staudensellerie, Fenchelknollen, Paprikaschoten, Wasserkresse.
Unverträgliches Gemüse: Alle Kohlarten, rohe und grüne Kartoffeln, grüne Bohnen, gespritzter Blattsalat, Avocados.
Obst: Frische Ananas, Aprikosen, geschälter Apfel, Banane, geschälte Birne, Brombeeren, frische Datteln, frische Feigen, Himbeeren, Kirschen, geschälte Kiwi, geschälte Kaktusfeige, geschälte Mango, Mandarine, Orange, Melone, Pfirsich, Weintrauben, Papaya, Sanddornbeeren, Kaki.
Unverträgliches Obst: Grapefruit, Zitrone, Pflaumen, Rhabarber, jegliches Dörrobst, da geschwefelt.

Diese Aras füttern sich gegenseitig. Das sogenannte Partnerfüttern gehört bei vielen Papageienarten zur Paarbildung und ist vorwiegend während der Balz zu beobachten.

Wichtige Vitalstoffe

Bestimmte Situationen, beispielsweise die Mauser (→ Seite 44), fehlender Sonnenschein oder ein Umgebungswechsel, können Ihren Papagei belasten und seinen Bedarf an Vitalstoffen erhöhen. Um sicher zu sein, daß Ihr Papagei alles hat, bieten Sie ihm im Käfig oder am Kletterbaum einen entsprechend großen Schnabelwetzstein an. Bitte auf folgenden Packungshinweis achten: »Kalkstein enthält alle Stoffe zum Aufbau des Knochengerüstes und zur Bildung der Federn.« Außerdem findet der Papagei auch Mineralstoffe im Vogelsand und Taubengritt, wenn der Käfigboden damit ausgestreut ist.
Haben Sie den Käfigboden mit Papier ausgelegt, müssen Sie den Vogelsand in einem Näpfchen anbieten.
Im Sand sind Steinchen enthalten, die auch eine wichtige Verdauungshilfe bieten.
Während des Winters, während der Mauser und bei eventuellen Unpäßlichkeiten des Papageis ist es ratsam, über Obst und Gemüse ein Multivitaminpräparat in Pulverfom (im Zoofachhandel oder in der Apotheke erhältlich) zu streuen.
Achten Sie darauf, daß Vitamin A, Vitamine des B-Komplexes, Vitamin C und Vitamin E enthalten sind.
Wichtig: Bei allen Vitaminpräparaten auf das Haltbarkeitsdatum achten – überlagerte Präparate sind wertlos.

Speisen vom Familientisch

Papageien sind mitunter ganz versessen darauf, von den Speisen auf dem Familientisch etwas abzubekommen. Einige wenige Nahrungsmittel sind durchaus empfehlenswert für Ihren Papagei.
Das bekommt ihm:

- Ein- bis zweimal in der Woche 1/2 bis 1 Eßlöffel voll Magerquark, angereichert mit gehackten Kräutern und gehacktem hartgekochten Eigelb.

- Ein kleiner 1 x 1 cm großer Würfel von Hartkäse.
- 1 Eßlöffel frisch geschrotetes Getreide in halb Milch, halb Wasser eingeweicht; sehr vitaminreich sind auch Weizenkeime aus dem Reformhaus.
- Ungewürzte, gekochte Nudeln, am besten Vollkornnudeln, oder ein Stückchen gekochte Kartoffel (beides gut abgekühlt).
- Ein Stückchen Brotrinde, ein trokkener Keks, Cornflakes, etwas hartes Weißbrot, in halb Milch, halb Wasser eingeweicht.
- Papageien, die Nahrung mit dem Fuß halten können, nagen an einem Kotelettknochen oder einem Hühnerbein. Dabei essen Sie die kleinen Fleischreste, die noch am Knochen haften und zerbeißen den Knorpel.

Das ist schädlich:

- Kalte Nahrung, die direkt aus dem Kühlschrank kommt.
- Heiße Speisen.
- Verfaultes, Verschimmeltes, auch nach dem Entfernen der Schadstellen, da Fäulnis und Schimmel unsichtbar im Innern des Lebensmittels weiterwuchern.
- Salziges, Gewürztes und besonders Salz, Gewürze und Zucker pur.
- Schokolade, süße Cremes, Schlagsahne, Torten, Süßigkeiten.
- Pures Fett und sehr fetthaltige Speisen.
- Alkoholische Getränke, auch Bier, Kaffee, Coca-Cola, kohlensäurehaltige Limonaden und Mineralwasser.

Achtung: Wer seinem Papagei die Anwesenheit bei Tisch erlaubt, muß sehr wachsam sein. Der Papagei kann sich an heißen Speisen verbrühen, sich die Zunge verbrennen oder etwas erwischen, das seiner Gesundheit schadet.

Große Papageien benutzen den Fuß, um große Nahrungsbrocken zum Schnabel zu führen. Wird der Fuß ohne Nahrung nervös zum Schnabel gehoben, ist das oft Ausdruck von Unglücklichsein oder Aufregung.

Trinkwasser

Frisches Trinkwasser – möglichst unverschmutzt – sollte für Ihren Papagei ständig erreichbar sein. Einige Arten müssen das Wasser durch die gestreckte Kehle rinnen lassen. Sie brauchen also genügend Bewegungsfreiheit, um den Kopf nach oben recken zu können. Ein überdachter Trinknapf ist deshalb ungeeignet für sie. Wer seinem Papagei etwas besonders Gesundes geben möchte, verwendet den im Zoofachhandel erhältlichen Vogel-Trank. Sehr empfehlenswert ist auch kohlensäurefreies Mineralwasser, dessen wertvolle Inhaltsstoffe auf dem Etikett angegeben sind. Nur ein kranker Vogel bekommt auf Anraten des Arztes abgekochtes Wasser, leichten Schwarzen Tee oder Kräutertee zum Trinken.

Wenn der Papagei krank ist

Papageienkrankheit, Federrupfen, Mißbildungen der Federn und Mauser beunruhigen manche Papageienhalter. Auf den folgenden Seiten finden Sie daher nähere Angaben.

Verändertes Verhalten

Verhält sich Ihr Papagei eines Tages anders als gewohnt, müssen Sie Ihn genau beobachten. Es kann bei Papageien vorkommen, daß sie einfach einmal schlechte Laune haben, müde oder unlustig sind. Diese Stimmungen dauern aber nicht lange an. Meist werden schlechte Laune oder Müdigkeit beim Kraulen vergessen oder durch ein kleines Spiel mit ihnen überwunden. Bedenklich wird es allerdings, wenn der Vogel stundenlang teilnahmslos auf seinem Ast sitzt. Er ruht dabei auf beiden Beinen und hat seinen Kopf im Rückengefieder vergraben. Von seiner Nahrung nimmt er kaum Notiz, sondern stochert eher lustlos darin herum. Diese Zeichen deuten auf den Beginn einer Krankheit.

Viele Krankheiten erreichen bei einem Papagei schon innerhalb von 24 Stunden ihren gefährlichen Höhepunkt. Zögern Sie deshalb nicht, den Vogel rasch zu einem Tierarzt zu bringen. Die Behandlung eines kranken Papageis ist immer schwierig, besonders dann, wenn der Tierarzt zu spät konsultiert wird (→ Praxis-Seiten 46/47).

Mein Tip: Erkundigen Sie sich schon beim Kauf Ihres Papageis nach einem Tierarzt, der Erfahrung mit der Behandlung von Papageien hat. In Ihrer Zoofachhandlung wird man Sie sicher gern beraten. Sie können sich auch mit Papageienzüchtern oder mit einem Tierheim in Verbindung setzen, die meistens mit erfahrenen Tierärzten zusammen arbeiten.

Die Mauser

Sie ist keine Erkrankung, sondern eine natürliche Maßnahme zur Erneuerung des Federkleides. Als Heimvogel mausert ein Papagei gewöhnlich einmal im Jahr. Muß er aber öfter empfindliche Temperaturschwankungen hinnehmen, kann es häufiger zur Mauser kommen. Junge, gesunde Vögel überstehen die Mauser meist ohne besondere Beeinträchtigung des Allgemeinbefindens. Etwas ältere Papageien können jedoch während der Mauser schon einmal einen kranken Eindruck machen. Die Erste-Hilfe-Maßnahmen mit Infrarot-Bestrahlung (→ Seite 46) sind dann richtig für den Vogel, denn während der Mauser ist er wärme- und ruhebedürftig und braucht vor allem sehr vitaminreiche Nahrung. Bei der Mauser verliert der Papagei ziemlich viele Federn. Kleine Federn wachsen in wenigen Tagen, große in einigen Wochen nach. Selten kommt es bedingt durch die Mauser zur Flugunfähigkeit. Bei Flugunfähigkeit braucht der Papagei eventuell zusätzliche Kletterhilfen vom Vogelbaum zum Käfig.

Hellrote Aras gehören zu den vom Aussterben bedrohten Arten. Jeglicher Handel mit ihnen ist verboten. ▷

PRAXIS
Erste-Hilfe

1 | *Kranker Papagei. Eine Krankheit ist häufig an den matten, glanzlosen Augen eines Vogels zu erkennen.*

Was fällt auf?

Stellen Sie eines oder mehrere der folgenden Symptome fest, sollten Sie Ihren Papagei sofort zum Tierarzt bringen:

- Ist der Kot des Vogels verändert? Wäßriger Kot kann eine vorübergehende Erscheinung sein, die möglicherweise auf psychische Gründe, zu reichlich verzehrtes Obst oder Temperaturschwankungen zurückzuführen ist. Der Kot muß sich aber in einigen Stunden wieder normalisieren. Kommen zur wäßrigen Konsistenz noch Verfärbungen, schäumt der Kot, ist Blut beigemischt, legen sie ein Stück Folie unter den Sitzplatz des Vogels. Nehmen Sie den Kot mit zum Tierarzt, damit eine Kotuntersuchung vorgenommen werden kann.
- Fehlen Spuren von jeglichem Exkrement über Stunden?
- Niest der Vogel häufig, sondert er Nasensekret ab?
- Gähnt der Vogel auffallend oft und läßt dabei Atemgeräusche hören?
- Blutet der Vogel aus einer Wunde, aus dem After?
- Ist die Wachshaut, sind die Zehen irgendwie auffällig verändert?
- Läßt der Vogel ein Bein oder einen Flügel hängen?
- Ist der Oberschnabel zu lang oder zur Seite hin verschoben?
- Nestelt der Vogel beständig am Gefieder und kratzt sich nervös?

Die ersten Maßnahmen

Manchmal ist es – aus welchen Gründen auch immer – nicht möglich, mit dem kranken Papagei gleich zum Tierarzt zu gehen. Die richtigen Erste-Hilfe-Maßnahmen können in diesem Fall entscheidend für das Überleben Ihres Papageis sein.

<ins>Die Augen verraten eine Krankheit</ins>
Zeichnung 1
Neben dem veränderten Verhalten (→ Seite 44) deuten die Augen auf eine Krankheit hin. Ein kranker Papagei hat oft auffallend matte, glanzlose Augen.

<ins>Für gleichmäßige Wärme sorgen</ins>
Zeichnung 2
Der kranke Papagei braucht einen Käfig für sich allein, Ruhe und gleichmäßige Wärme. Stellen Sie etwa 30 cm vom Käfig entfernt einen Infrarot-Dunkelstrahler so auf, daß der Vogel sowohl im Wärmebereich als auch außerhalb dieses Bereichs sitzen kann. Da bei mancher Erkrankung feuchte Luft Linderung verschafft, stellen Sie sicherheitshalber zwischen Strahler und Käfig noch eine Schale mit heißem Wasser, um die Luft-

2 | *Infrarot-Bestrahlung. Ein kranker Papagei braucht gleichmäßige Wärme. Stellen Sie den Infrarot-Dunkelstrahler etwa 30 cm vom Käfig entfernt auf. Wenn es dem Vogel zu warm wird, muß er in einen kühleren Käfigbereich ausweichen können.*

feuchtigkeit zu erhöhen. Entwickelt sich keine ernsthafte Erkrankung, hilft oft schon diese Wärmebehandlung. Der Strahler darf 48 Stunden eingeschaltet sein. Die Temperatur sollte im Käfigbereich etwa 29 bis 30 °C betragen. Ehe Sie den Strahler aber nach einer Besserung des Befindens des Patienten wieder ausschalten, vergrößern Sie den Abstand des Strahlers vom Käfig etappenweise, damit die Temperatur nur langsam fällt. Plötzliche Temperaturveränderungen können Erkältungen verursachen, die einen Krankheitsrückfall bewirken.
Wichtig: Bei Krämpfen ist die Bestrahlung eher schädlich. In einem solchen Fall muß der Tierarzt unverzüglich aufgesucht werden.

So greifen Sie den Papagei
Zeichnung 3
Wenn Ihr Papagei nicht über den Stock oder über Ihren Arm in den Käfig zu bringen ist, müssen Sie ihn greifen. Am besten verdunkeln Sie das Zimmer etwas, legen dem Vogel ein Frotteetuch um Rücken und Schulter und greifen ihn von hinten mit beiden Händen so, daß Sie Flügel und Kopf fixieren, den Papagei fest an sich drücken, zum Käfig bringen und so vor die offene Tür halten, daß ihm nur der Einstieg möglich ist.
Wichtig: Beim Greifen den Kopf immer so festhalten, daß der Papagei Sie nicht beißen kann.

Der Gang zum Tierarzt
Wer noch den Transportbehälter hat, mit dem der Papagei einstmals ins Haus kam, sollte ihn für den Gang zum Tierarzt benützen. Sonst muß der Vogel in einem Käfig transportiert werden, was sicherlich nur mit einem Auto möglich ist. In vielen Städten ist auch nachts und feiertags ein Notarzt zu erreichen. Diensthabende Notärzte nennen beispielsweise Mitgliederzeitschriften von Tierschutzvereinen.
Bitte daran denken
- Die Kotprobe mitnehmen und statt Sand sauberes Papier auf den Käfigboden legen, damit der Arzt auch den letzten Kot beurteilen kann.
- Eine Probe der Körnermischung mitnehmen, die der Vogel zur Zeit bekommt.
- Den Vogel während des Transports vor Kälte, Feuchtigkeit und großer Hitze schützen. Käfig oder Transportbehälter mit einer Wolldecke umhüllen, aber für ausreichende Luftzufuhr sorgen.

Mein Tip: In vielen Städten gibt es spezielle Tiertaxis, die auf den Transport von Käfigen eingerichtet sind.

Wenn Medikamente nötig sind
Empfiehlt der Tierarzt Medikamente, halten Sie sich exakt an die Dosis und an die Dauer der Behandlung. Flüssige Medizin muß ins Trinkwasser gegeben werden. Verhindern Sie in diesem Fall, daß der Vogel seinen Durst an Obst oder Gemüse stillen kann oder an einen tropfenden Wasserhahn gelangt, sonst könnte er das Medikament umgehen. Pulverförmige Mittel am besten auf das Lieblingsobst Ihres Vogels streuen oder auf einen besonders beliebten Leckerbissen, den er mit größter Wahrscheinlichkeit auch verzehrt. Medikamente in Tablettenform pulverfein zerdrücken. Müssen Sie dem Vogel ein Medikament eingeben, wird Ihnen der Tierarzt mit Rat und Tat zur Seite stehen. Hier läßt sich keine allgemeingültige Regel aufstellen, da jeder Papagei anders darauf reagiert, wenn man versucht, ihm den Schnabel zu öffnen.

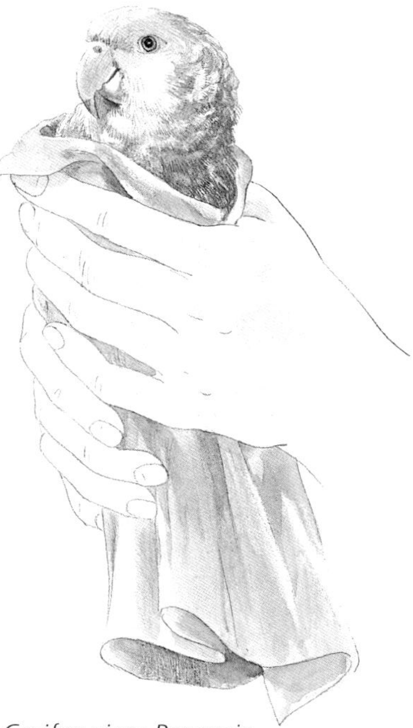

3 | *Greifen eines Papageis. Verdunkeln Sie das Zimmer. Legen Sie dem Vogel ein Frotteehandtuch um Rücken und Schulter und greifen Sie ihn von hinten mit beiden Händen.*

Ein harmonierendes Pärchen Nacktaugenkakadus vor seiner Bruthöhle.

Federmißbildungen und -ausfall

Bei älteren, schlecht ernährten oder nicht völlig gesunden Papageien können nach der Mauser mißgebildete Federn produziert werden. Als Ursache kommen Mangelerscheinungen, Hormonstörungen oder Federbalgzysten in Frage. Der Vogel muß von einem Tierarzt untersucht und behandelt werden. Fast ohne Heilungschance ist dagegen eine Erkrankung, die bisher vor allem beim Gelbwangenkakadu festgestellt wurde und die nach einer Mauser sichtbar wird. Die nachwachsenden Federn sind schwach und fallen beim Putzen rasch wieder aus. Sie wachsen lückenhaft, so daß der Vogel allmählich kahl wird. Häufig gehen damit noch Erweichung sowie übermäßiges Wachstum des Schnabels und der Krallen einher. Als Ursache wird ein Virenbefall angenommen, doch fehlen bisher konkrete Forschungsergebnisse.

Federrupfen

Viele Papageien beginnen damit, sich Federn auszurupfen. Zuletzt ist oft nur noch die Kopfregion befiedert. Manche treiben diese Selbstzerstörung sogar so weit, daß sie sich auch die Haut blutig beißen. Viele Ornithologen führen diese bedrohliche Sucht auf seelische Störungen zurück, bedingt durch den Verlust der Bezugsperson, des Partners, durch Partnermangel bei Eintritt der Geschlechtsreife. Andere machen Streß durch überbelegte Volieren, Bewegungsmangel, Ernährungsfehler, fehlende Bademöglichkeiten oder Parasiten dafür verantwortlich. Leider gibt es nicht für alle Papageien, die dieser Sucht verfallen, eine wirksame Abhilfe. Von einigen Papageien, die während eines Urlaubs ihrer Bezugsperson oder nach einer Krankheit damit begannen, weiß ich, daß sofortige Behandlung durch einen Arzt und durch außergewöhnlich viel Zuwendung die Neigung zum Rupfen verschwinden ließen. Niemals sollte man aber eine ernsthafte Mangelerscheinung ausschließen. So schrieb mir eine Leserin von ihrer rupfenden Amazone, die bereits in einem üblen Zustand war, daß sie das Rupfen aufgab, nachdem sie mit Meersalz versetztes Trinkwasser bekam. In jedem Fall muß ein federrupfender Papagei zu einem Tierarzt gebracht werden.

Die Papageienkrankheit

Diese früher so gefürchtete Krankheit ist schwierig zu diagnostizieren, weil sie sich nicht in eindeutigen Symptomen äußert. Erkrankte Vögel sind apathisch, scheiden zu weichen, oft mit Blutspuren versehenen Kot aus, haben Schnupfen, leiden an Atemnot oder haben eine Bindehautentzündung mit schleimigen Absonderungen an den unteren Augenlidern. Alle diese Symptome können einzeln oder gemeinsam auftreten. Es ist deshalb nötig bei derartigen Unpäßlichkeiten, den Vogel mit Infrarotlicht zu behandeln und – verschwinden die Beschwerden nicht innerhalb von 24 Stunden – den Tierarzt aufzusuchen. Die Papageienkrankheit ist auch auf Menschen übertragbar. Sie tritt zwar heute seltener auf, kann sich aber besonders auf ältere oder kreislaufschwache Menschen sehr gefährlich auswirken.
Inzwischen gibt es die Möglichkeit, gesunde Vögel auf das Vorhandensein des Erregers der Krankheit zu untersuchen. Papageien können Träger der Krankheit sein, ohne sichtbare Krankheitszeichen und ohne selbst daran zu erkranken. Im akuten Fall können Menschen und Vögel bei rechtzeitiger Behandlung geheilt werden. Die Erkrankung an Ornithose ist meldepflichtig. Der Tierarzt wird Ihnen gegebenenfalls sagen, was zu tun ist.

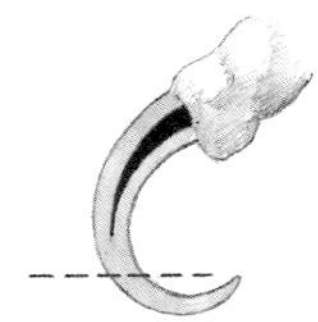

So schneidet man zu lange Krallen richtig. Die schwach durchscheinenden Blutgefäße im Krallenhorn dabei nicht verletzen! Wenn Sie die Krallen vor eine Lampe halten, sehen Sie die Blutgefäße besser.

Nachwuchs bei Ihren Papageien

Gesetzliche Bestimmungen
Die Zucht von Papageien ist grundsätzlich erlaubt. Allerdings kann die Naturschutzbehörde die Zuchterlaubnis vom Nachweis abhängig machen, daß der Züchter über ausreichende Kenntnis und eine artgerechte Unterbringung verfügt. Ein Antrag »Zur Zucht und dem Handel mit Sittichen und Papageien« wird beim Ordnungsamt oder der Unteren Landschaftsbehörde der Stadt oder des Kreises gestellt. Daraufhin erfolgt ein Kontrollbesuch des Amtstierarztes, der sich zum Beispiel vom Gesundheitszustand der Vögel überzeugt.

Der Ara streckt seinem Partner den Bürzel entgegen, um sich von ihm im Schwanzbereich die Federn glätten zu lassen. Die soziale Gefiederpflege ist für die feste Paarbindung wichtig.

Gegen Vorlage der Zuchtgenehmigung erhalten Sie dann beim Zentralverband Zoologischer Fachbetriebe (→ Adressen, die weiterhelfen, Seite 95) das amtliche Nachweisbuch und die gesetzlich vorgeschriebenen Fußringe (→ Seite 16) für die jungen Papageien.

Wie eine Papageien-Ehe zustande kommt
Es muß Ihnen gelingen, zwei geschlechtsreife, miteinander harmonierende, verschiedengeschlechtliche Papageien einer Art zusammenzubringen. Wie zwei sich fremde Vögel aneinander gewöhnt werden, habe ich Ihnen bereits in dem Kapitel »Das Leben mit dem Papagei« (→ Seite 22) beschrieben. Papageien, die brüten sollen, werden entweder in einer geräumigen Zimmervoliere oder in einer Freivoliere mit Schutzhaus (→ Bücher, die weiterhelfen, Seite 95) untergebracht. Bieten Sie dem Paar einen passenden Nistkasten an, worin das Weibchen seine Eier ablegen kann. Manche Arten schlafen sogar das ganze Jahr über im Nistkasten. Sie fühlen sich darin wohl und geborgen, brüten aber nicht unbedingt.

Der Nistkasten
Die Größe und die Beschaffenheit des Nistkastens (→ Zeichnungen, Seite 52 und 54) richten sich nach der Größe Ihrer Papageien. Lassen Sie sich im Zoofachhandel beraten, welcher Nistkasten für Ihre Papageien in Frage kommt.
Als Faustregel gilt:
- Die Seitenlänge des Nistkastens soll der Körperlänge des Vogels ohne

Schwanz entsprechen, und die Bodenfläche soll eine Nistmulde haben.

• Der Kasten soll für große Papageien dreimal so hoch sein wie die Seitenlänge der Bodenfläche.

• Das Einschlupfloch muß knapp den Durchmesser vom Schulterumfang des Vogels haben.

• Kletterhilfen im Innern des Kastens sollen vom Einschlupfloch zur Nistmulde führen. Dafür werden kurze Äste leiterartig versetzt und solide befestigt. Unterhalb des Einschlupflochs muß außen ein ausreichend langer und starker Ast angebracht werden. (Kein Metallgitter als Kletterhilfe im Inneren des Kastens verwenden, daran können die Vögel hängenbleiben!)

• Die Kontrollklappe (→ Praxis-Seite 54) muß von außen zu verriegeln, geöffnet feststellbar und groß genug sein, um mit einer Hand hineingreifen zu können. Sie soll sich im unteren Drittel des Kastens über der Nistmulde befinden.

• Für große Arten muß der Nistkasten aus Hartholz sein, für kleinere Arten genügt weiches Holz (20 bis 25 mm dick).

• Als Nistmaterial läßt man das Weibchen weiches Holz zernagen, das an den Innenwänden des Kastens angebracht wird. Sie können auch eine Mischung aus Torf und Hamstereinstreu in die Nistmulde geben. (Keine Sägespäne benützen, sie könnten von chemisch behandeltem Holz stammen.)

Mein Tip: Erfahrene Papageienzüchter bringen vor dem Einschlupfloch des Nistkastens ein bewegliches Drahtgitter so an, daß man das Loch mittels einer Kette kurzfristig schließen kann. Das erweist sich als nützlich, wenn man später im Kasten die Einstreu erneuern oder die Nestlinge kontrollieren muß. Das sehr oft aggressive Weibchen kann so vom Kasten ferngehalten werden.

Der richtige Platz: Hängen Sie den Nistkasten in der Voliere so an die Wand, daß Sie die Kontrollklappe bequem öffnen und ins Innere des Kastens sehen können. Alle Einrichtungen in der Voliere sollten nach Möglichkeit so verändert werden, daß man wichtige Handgriffe von außen erledigen kann, vor allem das Füllen der Trink- und Futternäpfe, damit die Vögel möglichst wenig gestört werden müssen.

Hier haben sich zwei Vögel verschiedener Arten zu einem Paar verbunden, aber Nachwuchs ist von ihnen nicht zu erwarten.

Der Einzug in den Nistkasten

Nach vielleicht anfänglichem Zögern wird der Nistkasten sicherlich von beiden Vögeln genau inspiziert. Macht sich das Weibchen im Inneren des Kastens öfter zu schaffen, könnte es in Brutstimmung geraten. Läßt sich auch das Männchen davon stimulieren, wird es alsbald mit den Balzritualen um sein Weibchen werben (→ Balz und Paa-

rung, Seite 61). Doch dieses Ereignis dürfen Sie nicht in den ersten Wochen nach Anbringen des Nistkastens erwarten. Es kann einige Monate dauern, bis das Pärchen seine neue Möglichkeit zu nutzen beginnt.
Hinweis: Nehmen die Papageien den Nistkasten an und machen Anstalten zu Brüten, ist das ein Zeichen, daß sie sich bei Ihnen wohl fühlen.

Dieser Nistkasten mit den Maßen 46x26x38 cm eignet sich für kleine Papageienarten.

An Aufzuchtfutter gewöhnen

Sobald Sie bemerken, daß die Vögel in Hochzeitsstimmung sind, sollten Sie ihnen vorsorglich Aufzuchtfutter anbieten, damit sie auf den Geschmack kommen und im Ernstfall ihre Jungen später damit füttern.
Als Aufzuchtfutter geeignet:

- Weißbrot oder Schwarzbrot in wenig Milch eingeweicht und mit Honig oder Nektar (spezielle Nahrung für Loris, im Zoofachhandel erhältlich) schwach gesüßt.
- Babynahrung für die ersten Wochen, mit wenig eingeweichtem Brot und etwas hartgekochtem Eigelb gemischt.
- Leicht mit Honig oder Nektar gesüßter Milchreis.
- Gekochtes, gehacktes Hühnerfleisch.
- Kanarien-Aufzuchtfutter.
- Luzerne-Pellets, ein fertiges Aufzuchtfutter für Nutztiere. Weichen Sie dieses Futter 2 Stunden in Wasser ein, und mischen Sie es dann mit etwas in Milch eingeweichtem Brot.

Mein Tip: Jede Mischung mit einem Kalkpräparat und Spuren eines Multivitaminpäparates (→ Seite 42) anreichern. Die Präparate sind im Zoofachhandel erhältlich. Dosieren Sie nach Vorschrift auf der Packungsbeilage.

Wenn es zur Brut kommt

Während der Brut Ihrer Papageien in der Zimmervoliere müssen Sie zu folgenden Zugeständnissen bereit sein, um den erfolgreichen Brutverlauf nicht zu unterbrechen.

- Die Vögel brauchen jetzt viel Ruhe. Jede unnötige Störung sollte vermieden werden.
- Die Raumtemperatur muß konstant sein. Fühlten sich Ihre Vögel bisher bei einer Temperatur von 20 bis 22° C wohl, sollten Sie diese Temperatur unbedingt beibehalten.
- Die Luftfeuchtigkeit muß immer zwischen 60 und 70 % betragen. Notfalls einen Luftbefeuchter in Betrieb setzen.
- Die den Vögeln vertrauteste Person sollte sie versorgen. Nur ausnahmsweise gestattet man jemand anderem Zugang zum »Papageienzimmer«.
- Selbst wenn Sie wissen, daß die Eiablage bereits stattgefunden hat, bezähmen Sie Ihre Neugier und schauen Sie nicht in den Kasten. Gerade in den ersten Tagen ist das Weibchen sehr empfindlich und könnte auf eine Störung mit Verlassen des Geleges reagieren.

Wichtig: Finden Sie das Weibchen eines Tages außerhalb des Nistkastens mit gesträubten Federn auf dem Volierenboden, obgleich es sich bisher meist nur im Kasten aufhielt, kann es an Legenot leiden. Umfassen Sie es behutsam, aber fest, mit einem Handtuch (→ Praxis-Seite 47), und setzen Sie es in den kleinen Einzelkäfig außerhalb der Voliere. Dort bestrahlen Sie es mit Infrarot-Licht. Die Umgebungstemperatur sollte im Käfig 33 °C erreichen, damit sich die Verkrampfung löst und das Ei gelegt werden kann. Ist das innerhalb von 2 bis 3 Stunden nicht der Fall, muß der Vogel bei möglichst gleicher Temperatur zum Tierarzt transportiert werden, da Lebensgefahr besteht.

Hellrotes Araweibchen beim Füttern seiner Nestlinge.

Wohin mit dem Nachwuchs?
Solange die Küken noch im Nistkasten sind, haben Sie ausreichend Zeit zu überlegen, was mit den jungen Papageien nach dem Ausfliegen geschehen soll. Vielleicht kennen Sie bereits interessierte Papageienfreunde, die gern ein Pärchen haben möchten. Sie können sich auch mit dem Züchter in Verbindung setzen. Vielleicht möchte er die Vögel selbst für seine Zucht übernehmen oder kennt Kollegen, die daran interessiert sind.
Beobachten Sie genau, wie sich die Eltern gegen ihren Nachwuchs benehmen, wenn die Jungen den Nistkasten verlassen haben. Bei manchen Arten erwacht nämlich schon bald nach dem Flüggewerden der Jungen eine Art Konkurrenzkampf. Die Männchen mancher Arten jagen ihre Söhne und vertreiben sie vom Futternapf. Bei anderen Arten eifern die Weibchen gegen ihre Töchter. Das muß in jedem Fall sofort unterbunden werden. Trennen Sie die jungen Papageien von ihren Eltern, und bringen Sie sie in einer separaten, ausreichend großen Voliere unter.

PRAXIS
Jungvögel

Kontrollieren Sie die Eier
Hat das Weibchen zwei bis drei Eier in die Nistmulde gelegt, dürfen Sie etwa fünf Tage nach andauerndem Brüten des Weibchens prüfen, ob die Eier befruchtet sind. Warten Sie ab, bis das Weibchen das Gelege einmal für kurze Zeit verläßt.

Öffnen des Kontrolltürchens
Zeichnung 1
Öffnen Sie das Kontrolltürchen des Nistkastens. Im Idealfall ist der Nistkasten so angebracht, daß Sie beim Kontrollieren der Eier die Voliere nicht betreten müssen.
Entnehmen Sie jedes Ei einzeln, und halten Sie es rasch an eine starke Lichtquelle. Befruchtete Eier zeigen ein dunkles Inneres, während unbefruchtete Eier hell, fast durchscheinend sind. Selbst wenn nur ein Ei befruchtet sein sollte, legen Sie alle in die Nistmulde zurück, um das Weibchen nicht zu irritieren. Das später schlüpfende Küken hat an den anderen Eiern etwas Halt und eine leichte Wärmequelle, wenn die Mutter einmal das Nest verläßt. Sind alle Eier unbefruchtet, nehmen Sie im Abstand von jeweils einem Tag eines aus dem Kasten. Das Weibchen wird entweder schon bald oder erst viel später ein neues Gelege beginnen. Nach dieser Kontrolle brauchen Sie bis zum Schlüpfen der Küken – je nach Art in 22 bis 30 Tagen – nichts mehr zu tun.

Das Schlüpfen der Küken
Auf das bevorstehende Schlüpfen des ersten Kükens wird Sie alsbald das Papageien-Männchen aufmerksam machen. Es zeigt sich schon kurz zuvor nervös. Das Männchen erklimmt eilig die Sitzstange vor dem Einschlupfloch, sobald das Weibchen einmal den Nistkasten verlassen hat. Wieder und wieder schaut es in den Kasten. Lassen Sie sich von seiner Nervosität nicht anstecken. Sie dürfen jetzt in keinem Fall eingreifen. Sorgen Sie für etwas erhöhte Temperatur im Nistkasten, indem Sie den Infrarot-Dunkelstrahler (→ Praxis-Seite 47) einsetzen. Die ideale Temperatur beim Schlüpfen ist 37 °C, die Luftfeuchtigkeit sollte jetzt 70 bis 80 % betragen. Im Abstand von 2 bis 3 Tagen, werden die Küken schlüpfen. Sie sind alsbald an ihren Rufen zu hören, womit sie ihre Eltern, insbesondere ihre Mutter, zum Füttern anregen. Doch auch auf den Vater haben diese Bettelrufe ihre Wirkung. Durch die Rufe wird er animiert, sein Weibchen mit reichlich Nahrung zu versorgen, die er ihr am Einschlupfloch in den Schnabel stopft.
Nach dem Schlüpfen hängt für das Überleben der Küken viel davon ab, ob die Mutter sie ausreichend füttert und andauernd hudernd vor Unterkühlung bewahrt. Leider haben Sie keine Möglichkeit, im negativen Fall das Verhalten des Weibchens zu beeinflussen.

1 | *Vorbildlicher Niststamm für große Papageien. Wichtig das abnehmbare »Dach« und die niedrig angebrachte Kontrollklappe.*

Mein Tip: Um die Luftfeuchtigkeit auch im Innern der Nisthöhle zu erhöhen, sprühen Sie das Holz von außen nun täglich ein- bis zweimal leicht mit Wasser an. Benutzen Sie dazu eine Blumenspritze.

Die Nestlingszeit
Je nach Art dauert es zwischen 30 und etwa 90 Tagen (→ Beliebte Papageienarten, Seite 64), bis die Küken in der Reihenfolge des Schlüpfens die Nisthöhle verlassen. Am Beispiel eines hellroten Aras sehen Sie die verschiedenen Entwicklungsstadien eines Papageienkükens.
8 Tage alt
Zeichnung 2
Die Augen sind noch geschlossen. Sie öffnen sich zwischen

dem 10. und 12. Lebenstag. Das Junge wiegt knapp 100 Gramm.
32 Tage alt
Zeichnung 3
Die Federkiele an Flügeln, Schwanz und Kopf werden sichtbar.
38 Tage alt
Zeichnung 4
Die Befiederung an Kopf, Flügeln und Schwanz ist jetzt deutlich zu erkennen. Das Junge wiegt fast 800 Gramm.

Auch nach dem Verlassen der Nisthöhle werden die Jungen meist vom Vater noch einige Wochen gefüttert, ehe sie völlig selbständig Nahrung aufnehmen können. Dabei verlieren sie zunächst an Gewicht, da sie das Enthülsen von Samen erst erlernen müssen und entsprechend langsam zu Nahrung kommen. Jungvögel sollten unbedingt neben Körnernahrung auch ausreichend Obst und weiterhin etwas weiche Aufzuchtnahrung (→ Seite 52) bekommen.

Die tägliche Kontrolle

Nachdem die Küken geschlüpft sind, sollten Sie den Nistkasten kontrollieren. Zum einen kann es passieren, daß ein Junges stirbt. Dann müssen Sie es schnell entfernen, damit seine Verwesung die anderen Nestgeschwister nicht gefährdet. Zum anderen muß die Einstreu in der Nisthöhle von Zeit zu Zeit erneuert werden.

- Führen Sie die Kontrolle täglich zur gleichen Zeit durch. So gewöhnen sich die Vogeleltern am ehesten daran.
- Beobachten Sie das Befinden der Nestlinge. Frischgeschlüpfte Küken heben den Kopf nur, wenn sie gefüttert werden. In der Regel liegt der Kopf am Boden oder auf dem Körper eines anderen Nestlings. Die Augen sind noch geschlossen. Sie öffnen sich je nach Art erst zwischen dem 10. Lebenstag und der dritten Lebenswoche.
- Mit der fortschreitenden Entwicklung der Küken mehren sich die Exkremente in der Nistmulde. Erneuern Sie deshalb etwa alle 2 Tage die Einstreu in der Nisthöhle. Bereiten Sie dafür ein Körbchen oder eine Schüssel vor, die mit weichem, saugfähigem und leicht angewärmtem Papier ausgelegt ist. Setzen Sie die Jungen in die Schüssel, während die Einstreu erneuert wird.
- Leider zeigen Papageienküken keine Alarmzeichen, wenn mit ihrer Entwicklung etwas nicht stimmt. Sollten Sie aber den Eindruck gewinnen, eines der Küken nimmt nicht mehr zu, zeigt sich apathisch oder sonstwie auffällig, nehmen Sie am besten Kontakt zu einem Züchter auf. Er rät Ihnen eventuell zum Zufüttern.

Mein Tip: Das Füttern von Küken ist schwierig. Man muß zunächst einmal zuschauen, wie das ein erfahrener Pfleger macht, und unter seiner Aufsicht selbst probieren. Ein Züchter wird Ihnen die notwendige Futterspritze besorgen und Ihnen auch das Rezept für die Zusatznahrung verraten, das er durch Erfahrung gefunden hat (→ Adressen, die weiterhelfen, Seite 95).

2 | Hellroter Ara, 8 Tage alt. Die Augen sind noch geschlossen. Sie öffnen sich erst zwischen dem 10. und 12. Lebenstag. Das Küken wiegt etwa 100 Gramm.

3 | Hellroter Ara, 32 Tage alt. Die Federkiele an Flügeln, Schwanz und Kopf beginnen zu sprießen.

4 | Hellroter Ara, 38 Tage alt. Das Junge wiegt inzwischen fast 800 Gramm. Die Gefiederfarben sind an Flügeln und Schwanz schon zu erkennen.

Papageien verstehen lernen

Einige Papageienarten lieben es, kopfunter an einem Ast oder am Käfiggitter hängend zu schlafen. Wenn Ihr Papagei zu einer dieser Arten gehört, sollten Sie ihm für seine Schlafgewohnheit die Möglichkeit schaffen. Das ist leicht mit einem Naturast zu realisieren, der dem Durchmesser seiner Füße entspricht.

Alle Papageienarten zeigen große Ähnlichkeit in ihren Fähigkeiten und Verhaltensweisen. Das richtige Deuten der Verhaltensweisen ist der Schlüssel zu einem guten Verstehen zwischen Ihnen und Ihrem Papagei.

Typische Bewegungen

Fliegen und Klettern: Bewohner von Steppen und offenen Landschaften verfügen meist über ein ausgezeichnetes Flugvermögen. Waldbewohner dagegen sind oft besonders begabte Kletterkünstler. Ihre Nahrung besteht vorwiegend aus Baumfrüchten, die sie kletternd ernten. Doch nicht nur die »Waldbewohner«, sondern auch die »Steppenbewohner« sind meisterhafte Kletterer. Schließlich erkunden alle Papageienarten auf diese Weise die Bäume nach geeigneten Nisthöhlen.
Laufen auf dem Boden: Das kommt allen Arten entgegen, die in der Natur ihre Nahrung vorwiegend auf dem Erdboden suchen, wie zum Beispiel einige Kakaduarten. Sie sind geschickte Läufer, die sich sogar oft hüpfend fortbewegen. »Kletter«-Papageien wirken beim Gehen am Boden (→ Zeichnung, Seite 58) recht tolpatschig, weil ihre Fußstellung stark auf das Überqueren von Ästen ausgerichtet ist.
Beine strecken: Von Zeit zu Zeit, vor allem nach Ruhepausen, streckt ein Papagei ein Bein und den gleichseitigen Flügel nach hintenunten. Dieses Verhalten kommt einem Räkeln gleich. Beim Zurückziehen des Beins ballen manche Papageien den Fuß häufig zur »Faust« und ziehen ihn danach meist ins Bauchgefieder ein. Das Ruhen auf einem Bein entspricht großer Gelassenheit und gehört vielfach auch zur Schlafstellung.
Schnabel im Rückengefieder: Dieses Verhalten gehört ebenfalls zur Schlafstellung vieler Papageien. Auch tagsüber vergraben sie manchmal während einer Ruhephase den Schnabel im leicht aufgeplusterten Rückengefieder.
Achtung: Diese Stellung ist auch die von kranken oder unpäßlichen Vögeln, doch ruhen diese meist auf beiden Beinen. Das Ruhen auf beiden Beinen muß aber nicht unbedingt ein Anzeichen einer Unpäßlichkeit sein.
Abheben der Flügelbüge: Die gefalteten Flügel werden dabei seitlich abgestellt. Dies geschieht meist aus Bewegungsmangel. Von entsprechendem Gehabe begleitet kann es aber auch Imponieren bedeuten oder bei gleichzeitigem Schlankwerden und in die Luft Beißen auf Angst oder Schmerzen schließen lassen.
Hochheben der Flügel: Die Flügel werden nach oben abgehoben, wenn es dem Vogel zu warm ist. Dabei kann er Körperwärme abgeben. Manche Arten heben auch die Flügel, wenn ein für sie angenehmes Ereignis eintritt.

Das können Sie täglich beobachten

Gefiederpflege: Sie gehört mit zu den wichtigsten Tätigkeiten eines Papageis. Täglich widmet er einige Stunden dieser Aufgabe und bearbeitet mit dem Schnabel nach und nach alle Federn (→ Zeichnung, Seite 50). Geschickt zieht er sie glättend durch den Schna-

Der kleine Mohrenkopfpapagei ist in Afrika zu Hause.

bel. Er beginnt meist mit den kleinen Federn und endet mit den Schwung- und Schwanzfedern. Nur das Kopfgefieder kann er nicht mit dem Schnabel erreichen. Es wird mit den Zehen bearbeitet oder an einem Ast gerieben. In der Natur gehört die gegenseitige soziale Gefiederpflege vieler Arten (→ Seite 60), vor allem des Kopfgefieders, zur Balzhandlung und dient der Paarbindung.

Schütteln des Gefieders: Die Gefiederpflege wird meist durch das Schütteln des gesamten Gefieders beendet. Dadurch kommen alle behandelten Federn wieder in die richtige Lage, und Staubteilchen werden entfernt. Dieses Gefiederschütteln können Sie aber auch häufig erleben, wenn der Papagei eine Spannung überwunden hat. War er beispielsweise ängstlich, unsicher oder verlegen, und die Lage ist wieder eindeutig, schüttelt er das Gefieder aus Erleichterung.

Mit den Flügeln flattern: Jungvögel flattern noch vor dem ersten Flug oft mit den Flügeln, wobei sie sich mit den Füßen fest auf einem Ast halten, um die Flugmuskeln zu trainieren. Erwachsene Papageien, die keine oder nur begrenzte Flugmöglichkeiten haben, flattern auch aus Bewegungsmangel. Dabei halten sich große Arten zusätzlich mit dem Schnabel an einem Ast fest, um der Flügelkraft entgegen zu wirken.

Schnabelpflege: Fast nach jeder Nahrungsaufnahme reinigt der Papagei seinen Schnabel, indem er ihn an einem Ast kräftig reibt. Aber Sie können dieses Reiben auch ohne vorheriges Essen erleben, denn so pflegt der Vogel auch das Schnabelhorn. Manche Papageien reiben den Schnabel aber auch zur Begrüßung eines Artgenossen oder eines gerngesehenen Menschen an einem Ast. Ich habe das beim Graupapagei und bei Amazonen beobachtet.

Fußpflege: Füße und Zehen werden wie das Gefieder vom Papagei mit dem Schnabel gepflegt, indem er Schüppchen und Fremdkörper abpickt. Die Krallen bearbeitet der Schnabel zangenartig, wohl um übermäßiger Länge vorzubeugen.

Gähnen: Alle Papageien gähnen von Zeit zu Zeit. Das ist mit unserem Gähnen zu vergleichen, denn oft geschieht es aus Sauerstoffmangel. Gähnt der Papagei während des Tages mehrmals hintereinander, sollten Sie lüften, vielleicht ist die Luft im Raum verbraucht, was Ihnen nicht auffiel. Manchmal gähnen Papageien auch mit erhobenem Kopf, dann ist das Strecken des Halses und der Schnabelpartie der Grund dafür.

Niesen: Ist gelegentliches Niesen nicht mit der Absonderung von Nasensekret verbunden, braucht man nicht an eine

Zum Überqueren von Ästen ist die Fußstellung des Graupapageis besser geeignet als zur Fortbewegung auf dem Boden.

Erkältung zu denken. Papageien niesen, um die Atemwege frei zu halten, oder bei abrupten Temperaturunterschieden.

Welche Fähigkeiten Ihr Papagei hat

Sehen: Papageien sehen die Welt noch bunter als wir Menschen. Diese Fähigkeit erleichtert ihnen die Nahrungssuche. Außerdem können sie an den Gefiederfarben Artgenossen erkennen. Durch die seitlich angeordneten Augen haben Papageien fast einen »Rundumblick«, wodurch sie Feinde frühzeitig ausmachen und rasch fliehen können. Der Bereich, den beide Augen gleichzeitig wahrnehmen, ist etwas kleiner als bei den Menschen. Dafür kann der Mensch in der Sekunde nur etwa 16 Bilder aufnehmen, der Papagei dagegen bis zu hundertmal mehr. Beim raschen Fliegen ist das blitzschnelle Wahrnehmen aller Details für einen Vogel lebenswichtig.

Hören: Daß Papageien gut hören, wird klar, wenn man bedenkt, daß sie sich mit Schreien oder Rufen über weite Distanzen hinweg warnen, verständigen und mit differenzierten Tonfolgen für ein reibungsloses Zusammenleben in der Schar sorgen. Die einzelnen Paare erkennen sogar die Stimme des Partners. Bei vielen Arten spielen auch beim Brüten die frühen Lautäußerungen des Kükens im Ei eine Rolle für das Verhalten der Mutter.

Schmecken: Papageien, die sich vorwiegend von Sämereien ernähren, haben sicherlich weniger ausgeprägte Geschmacksnerven als Vögel, die von Früchten und Nektar leben. Als Heimvogel entwickelt ein Papagei jedoch ganz erhebliche Vorlieben und Abneigungen, die auf die Fähigkeit, Geschmacksunterschiede wahrzunehmen, schließen lassen.

Fühlen: Auch das Fühlen der Papageien wird sich nicht wesentlich von dem anderer Lebewesen unterscheiden. Mit Sicherheit gibt es besonders gefühlssensible Zonen. Gerade bei der Brut spielt das Fühlen eine bedeutende Rolle, sonst würde die Mutter die Eier zerdrücken, wenn sie auf dem Gelege sitzt. Außerdem verfügen viele Vögel über einen besonderen Vibrationssinn, mit dem sie schwache Erschütterungen wahrnehmen und richtig deuten können.

Die Monogamie

Von den meisten Papageien ist bekannt, daß sie sich in der Jugend einen Geschlechtspartner wählen, dem sie lebenslang die Treue halten. Viele Arten brauchen ein bis mehrere Jahre, ehe sie geschlechtsreif sind und sich wirklich verpaaren. Der Verlust des Partners löst Trauer aus, die eine Beeinträchtigung des Vogels zur Folge hat. In der Natur kann nach einiger Zeit eine neue Bindung eingegangen werden. Verliert aber ein Papagei als Heimvogel seinen Partner, sei es durch rücksichtsloses Trennen eines verbundenen Vogelpaares oder durch die Trennung vom Ersatzpartner Mensch, kann die Trauer seine Wesensart verändern oder gar den Tod des Vogels bedeuten.

Stellt ein Papagei beim Gekraultwerden leicht sein Gefieder ab, gibt er sich vertrauensvoll dem Genuß hin.

Die Paarbildung

In einer Papageienschar versuchen unverpaarte Vögel einen Partner zu erobern, indem sie sich zunächst dem Vogel ihrer Wahl nähern. Verweist dieser den Bewerber nicht durch angedeutete Schnabelhiebe auf Distanz, rutscht der Werbende näher und näher, bis er sich traut, den Flügel oder den Schnabel des anderen anzustupsen. Bleibt über einige Tage jede Ablehnung aus, hat sich alsbald ein Paar zusammengefunden. Das ist daran zu erkennen, daß

Geschickt hangelt sich die Gelbnackenamazone am Ast entlang.

Gelassen verzehrt sie ihren Fund.

beide Vögel von nun an alles gemeinsam in möglichst großer Nähe unternehmen. Dicht beisammen suchen sie nach Nahrung, sitzen sie während einer Ruhepause, schlafen sie mit Körperkontakt, ja, sie stecken einander mit ihrer Stimmung an. Hat ein Vogel beispielsweise das Bedürfnis, sich zu räkeln, zu essen, sich zu putzen, und beginnt damit, folgt der Partner fast zeitgleich mit derselben Handlung.
In der Natur hat ein Papagei fast immer das Glück, von einem Artgenossen des anderen Geschlechts umworben zu werden. In der Gefangenschaft kommt es jedoch häufig vor, daß Papageien nur unter gleichgeschlechtlichen Vögeln wählen können. Gehen also zwei gleichgeschlechtliche Papageien eine Bindung ein, schlüpft einer der beiden mit der Zeit in die Rolle des fehlenden Geschlechts, indem er dessen Verhalten übernimmt. Die Vögel könnten diese Partnerschaft so lange ungetrübt pflegen, bis ein Artgenosse des anderen Geschlechts dazukommt. Dann allerdings gibt es einen unglücklichen Verlierer.

Die Paarbindung

Soziale Gefiederpflege: Sie ist für viele Arten ein wichtiges Band für die feste Paarbindung. Vor allem die Kopfpartie wird vorwiegend vom Partner gepflegt, da der Papagei diesen Bereich nicht selbst mit dem Schnabel erreicht. Das gegenseitige Kraulen dient aber nicht nur der Hygiene, sondern bedeutet für den Vogel ein Wohlgefühl! Als Heimvogel fordert Ihr Papagei Sie oft und wiederholt zum Köpfchenkraulen auf. Entweder, indem er geduckt, kopfnickend zu Ihnen kommt oder auf einem Ast sitzend den Kopf mit leicht abgestelltem

Beim Weiterhangeln entfernt sie störende Stengel ...

bis sie die nächste Frucht erreicht.

Gefieder senkt. Als sein Ersatzpartner sollten Sie ihm das so innig ersehnte Wohlgefühl so oft wie möglich gönnen.
Partnerfüttern: Bei vielen Papageienarten gehört auch das Partnerfüttern zur Paarbindung, wenngleich es vorwiegend während der Balz zu beobachten ist. Doch ehe ein Papagei sein Weibchen nicht befriedigend füttern kann, wird dieses sich nicht zur Paarung bereit finden. Es ist für den Bruterfolg überaus wichtig, daß Mutter und Nestlinge ausreichend vom Vater ernährt werden. Bei den meisten Papageienarten brütet nämlich das Weibchen allein und füttert später auch die Jungen. Die Nahrung für die Nestlinge und für sich selbst erhält es vom Männchen. Eine Ausnahme bildet die Familie der Kakadus. Bei den Kakadus beteiligen sich Weibchen wie Männchen an der Brut und der Ernährung der Jungvögel, so daß das Partnerfüttern nicht notwendig ist. Wenn Ihr Papagei also nicht gerade ein Kakadu ist, kann es Ihnen passieren, daß er Sie eines Tages füttern will. Manche Papageien versuchen zielsicher ihrem Menschenpartner die Liebesgabe in den Mund zu stopfen, andere probieren es mit den Ohren. Mein Moses begnügt sich damit, mir den Nahrungsbrei zwischen zwei Finger zu drücken.

Balz und Paarung

Hat ein Papageienpaar in der Natur eine Nisthöhle erobert, beginnt das Männchen meist mit der Balz. Bei Heimvögeln kommt es auch ohne Nisthöhle zur Balz, doch Nachwuchs stellt sich dann nicht ein. Auffallend ist das imponierende Gehabe des Männchens. Immer öfter stolziert es in aufrechter Haltung steifbeinig auf einem Ast hin und her. Dabei spreizt es den Schwanz,

Zu den Bildern: Papageien sind meisterhafte Kletterer. Zum Teil besteht ihre Nahrung aus Baumfrüchten, die sie nur kletternd erreichen können. Aber auch das Erkunden der Bäume nach geeigneten Nisthöhlen erfordert große Geschicklichkeit.

Ein gut harmonierendes Papageienpärchen reagiert häufig mit synchronen Bewegungen wie hier beim Strecken.

stellt oft auch die Flügel ab – Kakadus spreizen Flügel und Federhaube – und zeigt dabei alle Farbeffekte seines Gefieders. Das wirkt auf das Weibchen stimulierend. Manche Männchen umkreisen ihr Weibchen auch in Trippelschritten und klopfen mit dem Schnabel lautstark auf Holz, um ihre Stärke zu beweisen. Manche Papageien unterstützen diese Rituale mit stimmlichen Lauten. Immer häufiger füttert das Männchen sein Weibchen, und die Gefiederpflege wird intensiviert.
Kopulation: Paarungsbereite Weibchen sitzen in waagerechter Haltung mit leicht angehobenem Schwanz auf einem Ast, wobei manche ihre Flügel leicht zitternd seitlich abheben. Erregt werden sie vom Männchen umkreist. Nach etlichen Stupsern mit dem Schnabel steigt es dann seinem Weibchen auf den Rücken und legt seine Kloake in schwieriger Verrenkung auf die des Weibchens. Auf diese Weise findet die Begattung statt.

Auseinandersetzungen

Bei einem aneinander gewöhnten Papageienpaar kommt es kaum zu ernsthaften Auseinandersetzungen. Doch unter den Vögeln einer Schar kann es sowohl in der Natur als auch in der Voliere Streitigkeiten geben. In der Voliere kann ein brutwilliges Paar äußerst aggressiv gegen Artgenossen werden, weil der Raum zu beschränkt ist. Das Paar muß dann in einer eigenen Voliere untergebracht werden. In der Natur können sich Brutpaare aus der Schar zurückziehen und die gewünschte Distanz halten.
Drohen: Ergeben sich zwischen rivalisierenden Papageien Konflikte, drohen die Vögel einander, ehe sie sich möglicherweise angreifen. Das Drohverhalten der Männchen ähnelt weitgehend dem Imponiergehabe während der Balz. Auch mit erhobenem Fuß kann ein Papagei einem anderen drohen. Will keiner von beiden nachgeben, kann es zu Schnabelgefechten kommen. Die Gefechte enden jedoch meist unblutig, es sei denn, die beiden Kontrahenten können einander nicht weit genug ausweichen.

Verhaltensweisen richtig deuten

Nicht nur die Stimme, sondern auch die körperlichen Ausdrucksweisen spielen eine große Rolle, um sich dem Artgenossen oder dem Ersatzpartner Mensch mitzuteilen.

Angst und Erschrecken

Hat Ihr Vogel aus irgendeinem Grund Angst oder ist er erschrocken, richtet er sich hoch auf, legt das Gefieder eng an den Körper, so daß er sehr schlank erscheint. Dabei richtet er seinen Blick starr in eine Richtung. Erst wenn sich der Grund seiner Furcht als harmlos erweist, entspannt er sich, schüttelt meist sein Gefieder und wendet sich einer Tätigkeit zu.

Wohlige Gelassenheit

Wenn sich Ihr Papagei sicher und wohl fühlt, plustert er sein Gefieder leicht auf. Die Haltung ist entspannt, keineswegs aufrecht, und oft ertönt dazu noch leises Knirschen mit dem Schnabel.

Dringende Bitten

Setzt sich Ihr Papagei in geduckter, fast waagerechter Haltung mit leicht abgestellten zitternden Flügeln vor Ihnen in Position, möchte er um etwas bitten. Auch Jungvögel betteln in dieser Haltung um Futter von ihren Eltern. Der Mohrenkopfpapagei einer Freundin machte jeden Abend durch das Flügelzittern darauf aufmerksam, daß er sein gewohntes Betthupferl, einen Leckerbissen, noch nicht bekommen hatte.

Angriff aus Erregung

Selbst der sanfteste Papagei kann rabiat werden, wenn er unvernünftig behandelt wird oder es manchmal nicht nach seinem Kopf geht. Meine Bekannten besitzen schon seit langem einen dunkelroten Ara. Er ist gegenüber ihm vertrauten Menschen sehr liebenswürdig. Wenn er aber enttäuscht wird, benimmt er sich geradezu bösartig. Macht man Anstalten, seiner deutlichen Aufforderung zum Kraulen zu folgen, traut sich aber im letzten Moment doch nicht, hackt der Ara mit voller Kraft nach dem Zaghaften. Dagegen hat er den beiden kleinen Mädchen, die zur Familie gehören, noch nie eine Schramme beigebracht, obgleich diese manchmal ungeschickt mit ihm umgehen.

Verlegenheit

Aus vielerlei Gründen kann ein Papagei verlegen werden: Er möchte irgendetwas erreichen, traut sich aber nicht. Er weiß beispielsweise in einer bestimmten Situation, daß er nun für längere Zeit alleingelassen werden wird, ist aber aus Erregung und Trauer nicht fähig zu reagieren. Ein solcher Zwiespalt der Gefühle löst Verlegenheit aus. Der Papagei versucht zunächst spontan, sein Bedürfnis zu befriedigen, wird aber unsicher und weicht auf eine Ersatzhandlung aus. Mein Moses zeigt jedesmal eine rührende Geste der Verlegenheit, wenn er bemerkt, daß ich für längere Zeit weggehe: Er sieht mich unentwegt an, führt nervös einen Fuß zum Schnabel, als wollte er ihn beknabbern, berührt ihn jedoch nicht wirklich. Währenddessen läßt er wiederholt einen zaghaften Ton hören, der mich wohl zum Bleiben bewegen soll…

Gähnen bedeutet meist Sauerstoffmangel, kann aber unter Papageien ebenso ansteckend sein wie unter Menschen.

Beliebte Papageienarten

Die nachfolgenden Pflegehinweise beziehen sich immer auf die beschriebene Papageienart. Individuell entwickelt aber jeder Papagei seine besonderen Eigenarten, auf die Sie in jedem Fall eingehen sollten.

Vom Aussterben bedroht

Daß viele Papageien in ihrer Heimat vom Aussterben bedroht sind, liegt heute vor allem an der Zerstörung ihres Lebensraumes. Aus Profitgier oder um wirtschaftliche Nutzflächen zu gewinnen, werden große Waldgebiete gerodet. Die Schlaf- und Nistbäume der Papageien fallen der Motorsäge zum Opfer.

Die zweitwichtigste Ursache für den Rückgang der Papageien ist aber auch immer noch die große Nachfrage nach diesen Vögeln. Obwohl das Washingtoner Artenschutzübereinkommen und die EG-Verordnung Nr. 338/97 (→ Seite 14) besonders gefährdete Arten unter strengsten Schutz gestellt hat, fangen heute noch Wilderer Papageien aus ihrem natürlichen Lebensraum. Das Risiko gesetzlicher Verfolgung ist für die Wilderer gering.

Der verantwortungsbewußte Vogelfreund kann aber dazu beitragen, daß Wildfänge nicht mehr so ohne weiteres abgesetzt werden können. Verzichten Sie auf den Kauf eines Papageis, dessen Herkunft nicht eindeutig geklärt ist. Kaufen Sie nur einen Papagei, der mit einem amtlichen Fußring (→ Seite 16) versehen ist und für den Sie die gesetzlich vorgeschriebene CITES-Bescheinigung erhalten. Am besten versuchen Sie, nachgezüchtete Vögel zu bekommen. Glücklicherweise gibt es in den letzten Jahren mehr und mehr Papageienhalter, die ihren Papageien so gute Lebensbedingungen bieten, daß die Zucht bei einigen Arten immer häufiger gelingt. Vielleicht kann in einigen Jahren die gesamte Nachfrage durch Zuchtvögel gedeckt werden.

Mein Tip: Wenn auch Sie erfolgreich züchten möchten, müssen Sie Ihren Pfleglingen optimale Lebensbedingungen bieten. Nur dann können Sie mit gesundem Papageiennachwuchs rechnen. Sollten Sie nur einen Papagei halten und nicht züchten wollen, seien Sie nicht egoistisch. Leihen Sie den Vogel eventuell einem Züchter, dem ein passender Geschlechtspartner für seinen Papagei fehlt.

Hinweise zu den Steckbriefen

In den vorangegangenen Kapiteln haben Sie allgemeines über das Wesen, die Haltung und Pflege und über die richtige Ernährung von Papageien erfahren. Auf den folgenden Seiten finden Sie Bilder und Beschreibungen beliebter Papageienarten mit Angaben zu Aussehen, Größe, Verbreitung, Haltung und spezielle Pflegetips.

Bei der Auswahl der Papageien wurden vor allem Arten berücksichtigt, die in Anhang II des Washingtoner Artenschutzabkommens und Anhang B der EG-Verordnung (→ Seite 14) aufgeführt sind und mittlerweile zum größten Teil in Menschenobhut erfolgreich gezüchtet werden. Ausnahmen bilden die Grünwangenamazone (→ Seite 69) und der Goffin-Kakadu (→ Seite 80), die gemäß Anhang I des WA und Anhang A der EG Verordnung geschützt sind.

Ein Rosakakadu auf seinem Brutbaum.

Viele Papageienarten sind in ihrer Heimat vom Aussterben bedroht. Obwohl sie zum Teil unter strengsten Schutz gestellt werden, blüht der unerlaubte Handel weiterhin. Wahre Papageienliebhaber sollten deshalb nur Papageien kaufen, die mit dem amtlichen Fußring versehen sind und für die sie die erforderlichen Papiere erhalten.

Rotbugamazone oder Blaustirnamazone.

Amazonen leben in Mittel- und Südamerika und auf einigen benachbarten Inseln. Alle haben grünes Gefieder. Das Grün variiert von hellem, gelblichem Grün bis zu dunklem Olivgrün. Häufig schillert das Gefieder insgesamt oder nur stellenweise. Die einzelnen Arten unterscheiden sich vor allem durch markante Farbgebung einzelner Körperteile, wie Kopf, Wangen, Flügelbug, Flügelspiegel oder Schwungfedern.

Alle Amazonen leben in feuchtwarmem Klima und brauchen auch als Heim- oder Volierenvögel ausreichend viel Feuchtigkeit durch Sprühbäder oder warmen Regen, sonst wird ihr Gefieder stumpf und spröde. Sie verfügen über eine kräftige Stimme, die auch gut eingewöhnte Amazonen häufig hören lassen.

Junge Amazonen gewöhnen sich rasch an ihre neue Umgebung und an die Gesellschaft von Menschen. Sie werden zahm und anhänglich. Bei zu wenig Zuwendung und Langeweile kümmern sie, manchmal bis zum Tod.

Selbst mit dem Menschen sehr vertraute Amazonen können aggressiv und zerstörerisch werden, wenn sie in Brutstimmung kommen und keinen Artgenossen als Partner haben. Hier hilft nur die Übersiedlung in eine geräumige Voliere, zusammen mit einem harmonierenden Partner.

Rotbugamazone,
Blaustirnamazone
Amazona aestiva
Aussehen: Die Brustfedern sind leicht schwarz gesäumt; Scheitel und Augenregion, manchmal auch Kehle und Schenkel gelb; roter Flügelbug und Flügelspiegel; gelbes Band am Ende der Schwanzfedern; Enden der Schwungfedern tiefblau und schwarzblau; unbefiederter, heller Augenring; Stirn und Zügel hellblau. Männchen und Weibchen sehen gleich aus.

Gesamtlänge: 36 cm.
Jungvögel: Blau- und Gelbtöne im Gefieder auffallend matter, oder eine der beiden Farben ist vorherrschend.
Verbreitung: Brasilien, Bolivien, Nordargentinien.
Haltung: Häufiger und beliebter Heimvogel; gescheit und freundlich; besonders anpassungsfähig; von allen Amazonen am meisten sprechtalentiert.

Weißstirnamazone
Amazona albifrons
Aussehen: Die Federn sind am Rücken, Hals und an der Brust dunkel gesäumt; weiße Stirn; blauer Scheitel; roter Kranz um den grauen Augenring. Der Rand der oberen Flügeldecken und der Flügelspiegel sind rot, die Handschwingen schwarz und grün-blau; der Schnabel ist gelb und in der Mitte hellhornfarben.
Die Ränder der oberen Flügeldecken sind beim Weibchen meist grün, der rote Kranz um den Augenring ist weniger ausgebildet, der rote Flügelspiegel fehlt.
Das Weibchen ist oft deutlich kleiner als das Männchen.
Gesamtlänge: 25 cm.
Jungvögel: Der rote Kranz um den Augenring ist unvollständig, die weiße Stirn gelb »überpudert« oder nur angedeutet.
Verbreitung: Westmexiko, Guatemala, Honduras, El Salvador, Nord-Costa-Rica.
Haltung: Als Heimvogel wird die zierliche Weißstirnamazone rasch zahm; sie gilt als sehr sprechbegabt, zutraulich und liebevoll.

Weißstirnamazone.

Rotstirnamazone,
Gelbwangenamazone
Amazona autumnalis
Aussehen: Die farbenprächtige Amazone hat eine leuchtend rote Stirn, außerdem gelbe Wangen, die zum Schnabel hin rot werden. Leuchtend rot sind auch Zügel, vorderer Scheitel und Flügelspiegel. Der Oberkopf ist blaßblau mit dunkel gesäumten Federn; weiße Augenringe und schwarze Wimpern; Handschwingen blauschwarz und grün; Schwanz gelb gebändert. Männchen und Weibchen sehen gleich aus.
Gesamtlänge: 34 cm.
Jungvögel: Iris dunkelbraun, Stirn und Zügel schwächer gefärbt.
Verbreitung: Östliche Gebirgshänge Mexikos, Guatemala bis Nicaragua.
Haltung: Beliebter Heimvogel, da sanftes Wesen; anhänglich; lern- und kontaktfreudig; gescheit; sprechbegabt. Durchsetzungsvermögen mit gewaltigem Stimmaufwand.

Rotstirnamazone.

Venezuela-Amazone
Amazona amazonica
Aussehen: Das Gefieder schimmert am Hinterkopf und im Nacken leicht blau; Zügel blau; Kinn blaßblau; Stirn und Scheitel gefleckt blaugelb; gelbe Wangen; orangeroter Flügelspiegel; orangerote innere Schwanzfedern; tiefblaue und grüne Schwungfedern; unbefiederter graublauer Augenring. Männchen und Weibchen sehen gleich aus.
Gesamtlänge: 30–32 cm.
Jungvögel: Ähneln ihren Eltern.
Verbreitung: Nördliches Südamerika, ausgenommen Anden und östliche brasilianische Küstenregion; Inseln Trinidad und Tobago.
Haltung: Reizvolle, aufgeweckte Heimvögel mit kräftiger Stimme; besonders sprechbegabt und leicht zu zähmen.

Venezuela-Amazone.

Mülleramazonen.

Mülleramazone
Amazona farinosa
Aussehen: Das tiefgrüne Gefieder hat vor allem am Rücken einen hellgrauen Anflug. Durch dieses »bemehlte« Aussehen kam es zur Namensgebung. Kontrastreiche rote Flügelspiegel und Flügelränder; auffallend gelber Stirnfleck, der in Größe und Anordnung bei den Individuen variiert. Federn am Rücken dunkel gesäumt; Schwanz grüngelb gebändert. Leicht ovaler, weißer Augenring. Männchen und Weibchen sehen gleich aus.
Gesamtlänge: 38–40 cm.
Jungvögel: Gelber Stirnfleck, nur durch einzelne gelbe Federn angedeutet.
Verbreitung: Südmexiko, nördliches Südamerika bis Südbolivien.
Haltung: Junge Vögel werden rasch zahm und verblüffen durch ihre ausgezeichnete Nachahmungsgabe. Enorme Stimmgewalt!

Gelbnackenamazone
Amazona ochrocephala auropalliata
Zur Art *A. ochrocephala* gehören mehrere Unterarten, die nicht leicht zu unterscheiden sind. In der Literatur werden oft recht unterschiedliche Bezeichnungen verwendet.
Aussehen: Gelber Nackenfleck und gelbe Stirn; hellgrauer Augenring; grauer Schnabel und dunkelgraue, leicht befiederte Wachshaut. Männchen und Weibchen sehen gleich aus.
Gesamtlänge: 35 cm.
Jungvögel: Statt des gelben Nackenflecks meist nur einige wenige gelbe Federn im Nacken.
Verbreitung: Südmexiko, Nordwest-Costa-Rica, Nordhonduras.
Haltung: Beliebter Heimvogel, da sanftes Wesen; sehr gescheit und lernfähig; sprechbegabt; benutzt den Fuß geschickt zum Greifen von Gegenständen.

Gelbscheitelamazone
Amazona ochrocephala
Aussehen: Grünes, stellenweise schillerndes Gefieder; roter Flügelbug und Flügelspiegel; Unterschwanzdecke gelblichgrün mit roten Tupfen an der Basis jeder Schwanzfeder; Oberschnabel manchmal partiell rosa; unbefiederter, weißer Augenring; Stirn und Oberkopf gelb, Federn auf der Stirn mit Grün durchsetzt. Männchen und Weibchen sehen gleich aus.
Gesamtlänge: 35 cm.
Jungvögel: Unvollständige Gelbfärbung bis zum Alter von etwa 4 Jahren; dunkle Iris.

Gelbscheitelamazone.

Gelbnackenamazone.

Grünwangenamazone.

Verbreitung: Surinam, Ostvenezuela, Anden, Kolumbien, Insel Trinidad.
Haltung: Beliebte Heimvögel, da Nachahmungstalente; sehr gescheit und lernfähig; benutzen den Fuß zum Greifen von Nahrung oder Gegenständen. Ihre Stimmäußerungen gehören zu den lautesten innerhalb der Amazonengattung. Gelbscheitelamazonen brauchen ständig Zweige zum Benagen. Vor allem Jungvögel werden besonders zutraulich, sind verspielt und amüsant.

Grünwangenamazone,
Mexikanischer Rotkopfpapagei
Amazona viridigenalis
Aussehen: Dunkelgrünes Gefieder; Stirn, Scheitel und Zügel scharlachrot; leuchtend grüne Wangen, die halbkreisförmig von blauvioletten Federchen umgeben sind. Handschwingen blauschwarz mit rotem Flügelfleck; unbefiederter, weißer Augenring. Beim Weibchen ist die Ausdehnung der roten Federn auf dem Scheitel geringer.
Gesamtlänge: 33 cm.
Jungvögel: Das Rot erscheint nur auf der Stirn; der Scheitel ist überwiegend grün.
Verbreitung: Nordosten Mexikos.
Haltung: Einzelvögel sind sehr anspruchsvoll in bezug auf Zuwendung und anregende Beschäftigung. Sie verhalten sich in Menschenobhut sehr ruhig und neigen bei Vernachlässigung zu Phlegma. Grünwangenamazonen sollten nur paarweise gehalten werden. Morgens und abends lassen die Vögel gerne ein durchdringendes Geschrei ertönen.

Zwergara.

Grünflügelara.

Rotbugara.

Aras sind in Mittel- und Südamerika zu Hause. Sie werden in drei Gruppen gegliedert: Blauaras (*Anodorhynchus*), Spix Blauara und die Eigentlichen Aras.

Zwergara
Diopsittaca nobilis,
Hahn's Zwergara
Aussehen: Grünes Gefieder, das an Brust und Bauch gelblich aufgehellt ist. Stirn und Scheitel graublau; grauer Schnabel mit grauer Wachshaut. Leuchtend rote Daumenfittiche, Flügelbüge und Unterflügelseiten; glatte, weiße Gesichtshaut, die den Zügel bedeckt und sich zum Augenring ausweitet. Männchen und Weibchen sehen gleich aus.
Gesamtlänge: 30 cm.
Jungvögel: Rote Gefiederfärbung fehlt; Kopfregion matt bläulich.
Verbreitung: Im Osten von Venezuela und Guayana bis Südbrasilien, in Wäldern und Savannen.
Haltung: Paarweise halten. Angenehme Stimme, die selten sehr laut ist. Die Vögel brauchen Flugraum und reichlich Gelegenheit zum Klettern und Nagen.

Grünflügelara
Dunkelroter Ara
Ara chloroptera
Aussehen: Dunkelrotes Gefieder bis zur Wachshaut. Mittleren Flügeldecken dunkelgrün, Armdecken petrolblau; Arm- und Handschwingen sowie obere Schwanzfedern dunkelblau; untere Schwanzfedern dunkelrot. Oberschnabel hornfarben mit dunklen Rändern; Unterschnabel schwarz. Haut der Wangen von feinen roten Federstreifen gezeichnet. Männchen und Weibchen sehen gleich aus.
Gesamtlänge: 90 cm.
Jungvögel: Oberschnabel dunkler; Schwanzfedern kürzer.
Verbreitung: Gesamtes tropisches Südamerika.
Haltung: Es ist aufwendig, diesen großen Vögeln als Heimtieren

Gelbbrustaras.

angemessenen Lebensraum zu bieten. Selbst ein kurzfristiges Käfigdasein ist für sie unzumutbar. Sie stellen hohe Anforderungen an Pflege, Zuwendung und Kontakt. Ihre lauten Stimmen können Nachbarn belästigen. Junge Aras sind pfiffig und werden sehr zahm. Wichtig: Nistkasten zum schlafen.

Rotbugara
Ara severa
Aussehen: Das grüne Gefieder wird nur am Kopf durch den hellen blaugrünen Scheitel, die schwarzbraune Stirn und durch die roten Büge und Flügelspiegel unterbrochen; äußere Federfahnen der Handschwingen mittelblau bis grünblau, ebenso die Spitzen der Schwanzfedern. Oberschwanzseite olivbraun; Unterschwanzseite rötlich. Männchen und Weibchen sehen gleich aus.
Gesamtlänge: 45 cm.
Jungvögel: Die Iris ist dunkel.
Verbreitung: Panama, Südbolivien, Westecuador, Westkolumbien, Nordbrasilien.
Haltung: Weniger schwierig als große Aras. Paarweise Haltung, da Einzelvögel einem Artgenossen nachtrauern.
Wichtig: Große Zimmervoliere mit viel Beschäftigungsmöglichkeit; Nistkasten zum Schlafen.

Gelbbrustara
Ara ararauna
Aussehen: Nacken, Rücken, Flügeldecken und Oberschwanzseite blau; Handschwingen und äußere Schwanzfedern dunkelblau. Ohrenpartien, Brust, Bauch, Schenkel und Unterschwanzdecke hell- bis goldgelb; Stirn bis zum Scheitel grün; Kehle schwarzgrün; weiße Wangen mit schwarzgrünen Federstreifen. Männchen und Weibchen sehen gleich aus.
Gesamtlänge: 85–90 cm.
Jungvögel: Dunkle Iris.
Verbreitung: Nördliches Südamerika.
Haltung: → Grünflügelara.

Augenring-Sperlingspapageien.

Seit fast 300 Jahren werden die südamerikanischen Sperlingspapageien auch in Volieren gehalten, wo sie häufig brüten. Es sind liebenswerte Heimvögel, wenn sie paarweise oder in Gruppen leben dürfen. Einzelvögel kümmern zu Tode. Brütende Paare isolieren, da sie streitsüchtig werden. Flügge Jungvögel von den Eltern trennen, sobald sie selbständig essen. Bei zu kleinen Käfigen kann es zu Partnermord kommen. Mindestgröße der Voliere für Brutpaare und kleine Gruppen ist 2 x 1 x 1,5 m.

Augenring-Sperlingspapagei
Forpus conspicillatus
Aussehen: Hellgrünes Gefieder, stellenweise gelblichgrün; die Brust ist zart blaugrün oder blaugrau. Kräftig hellblaue, befiederte Augenringe. Das Männchen hat einen blauen Bürzel sowie blaue Rückenfedern. Das Weibchen zeigt keine Blaufärbung; die Federpartien um die Augen, der Bürzel und der Unterrücken sind smaragdgrün.
Gesamtlänge: 12 cm.

Blaugenick-Sperlingspapageien.

Jungvögel: Blaufärbung nicht ausgebildet, nur angedeutet oder von grünen Federn durchsetzt.
Verbreitung: Ostpanama, Westvenezuela, Kolumbien.
Haltung: → Sperlingspapageien.

Blaugenick-Sperlingspapagei,
Himmelspapagei
Forpus coelestis
Aussehen: Grundgefieder grün, in unterschiedlichen Nuancen: Oberkopf, Wangen und Kehle lindgrün, Rücken und Schulterdecken olivgrün. Obere Schwanzfedern kräftig blaugrün; Nacken und ein Streifen hinter den Augen hellblau. Bürzel, Schwingen und Unterschwanzseite kobaltblau. Weibchen zeigen nur hinter den Augen und am Bürzel eine schwache Blaufärbung; Grüntöne weniger lebhaft als bei den Männchen.
Gesamtlänge: 13 cm.
Jungvögel: Gleichen ihren Eltern; Schwanz sichtlich kürzer.
Verbreitung: Trockengebiete von Ecuador und Peru.
Haltung: → Sperlingspapageien.

Grünzügelpapageien.

Alle Weißbauchpapageien gelten als furchtlos, zutraulich und verspielt. Ihre Stimme ist laut, aber nicht monoton. Sie brauchen ständig Zweige zum Zernagen, da ihre Schnäbel zu übermäßigem Wachstum neigen.

Grünzügelpapagei
Pionites melanocephalus
Aussehen: Zügel und feine Streifen unter den Augen grün; Kehle, Hals und Nacken gelb; Nacken zum Rückengefieder hin orange; Brust und Bauch weißlich bis hellgrau; Flügel und Oberschwanzseite grün; Schenkel und Unterschwanzseite gelborange; Handschwingen dunkelblau; Oberkopf schwarzgrün; Wachshaut und Augenringe grau. Männchen und Weibchen sehen gleich aus.
Gesamtlänge: 23 cm.
Jungvögel: Schnabel hellhornfarben, Iris dunkelbraun, Gefieder insgesamt blasser.
Verbreitung: Guayana, Brasilien, Südkolumbien, Ostecuador, Peru.
Haltung: → Weißbauchpapageien.

Rostkappenpapageien.

Rostkappenpapagei,
Weißbauchpapagei
Pionites leucogaster
Aussehen: Gelbes Köpfchen; fleischfarbener Schnabel; rosa Augenringe. Das Gelb geht am Oberkopf ins Orange über. Rücken und Flügel dunkelgrün; Brust und Bauch weiß; Unterbauch grün. Männchen und Weibchen sehen gleich aus.
Gesamtlänge: 23 cm.
Jungvögel: Auf dem Scheitel vereinzelte schwarzgraue Federn; die Flügel wirken bläulich.
Verbreitung: Nordbrasilien, Nordbolivien, Ostperu, Ostecuador.
Haltung: → Weißbauchpapageien.

Schwarzohrpapageien.

Schwarzohr- und Maximilian-Papagei gehören zur Gattung *Pionus*, den Rotsteißpapageien aus Südamerika.

Schwarzohrpapagei
Pionus menstruus
Aussehen: Grünes Grundgefieder; Kopf, Hals und Brust kräftig blau. In der Ohrgegend sitzt auf blauem Grund ein runder schwarzer Fleck; grauer Augenring; Wachshaut und Schnabel schwarz, an beiden Seiten des Oberschnabels ein rosafarbenes Dreieck. Kehlbereich altrosa bis violett; Brust dunkelgrün mit blau gesäumten Federn. Äußere Schwanzfedern blau, untere Schwanzfedern rot. Männchen und Weibchen sehen gleich aus.
Gesamtlänge: 28 cm.
Jungvögel: Bis zum Alter von 1 Jahr tragen sie ein rotes oder orangenes Stirnband; Blau erscheint nur in einem kleinen Bereich am Kopf.
Verbreitung: Costa-Rica, Venezuela, Nordbolivien, Zentralbrasilien, Insel Trinidad.

Maximilians-Papagei.

Haltung: Sanfte Heimvögel, die einzeln gehalten kümmern. Als Pärchen lebendig und zutraulich.

Maximilians-Papagei
Pionus maximiliani
Aussehen: Olivgrünes Gefieder, stellenweise mit bronzeartigem Glanz; am Kopf und im Nacken dunkelgrau gesäumt. Nackenfedern weiß gestreift. Kinn, Kehle und Vorderbrust schimmern violettblau; Stirn und Zügel schwarzgrün; Augenringe weiß. Männchen und Weibchen sehen gleich aus.
Gesamtlänge: 28 cm.
Jungvögel: Viele tragen bis zur ersten Mauser ein rotes Stirnband; Violett-Blau-Färbung im Kehlbereich nur schwach ausgebildet.
Verbreitung: Ost- und Südostbrasilien, Nordargentinien.
Haltung: Jung und paarweise erwerben; ausreichende Bewegungs- und Beschäftigungsmöglichkeiten sowie Gelegenheit, kopfunter an schlanken Ästen hängend zu schlafen.

Agaporniden

Pfirsichköpfchen, das an einem Maiskolben nagt.

Die Heimat der Unzertrennlichen, der Agaporniden, ist Afrika. Sie gehören zu den bekanntesten Kleinpapageien.
Da sie in Menschenobhut nur als Pärchen überleben können, haben bestimmte Arten unter ihnen auch schon häufig gebrütet. Unzertrennliche nicht zusammen mit anderen Arten kleiner Papageien halten. Agaporniden sind streitsüchtig und in Brutstimmung sehr aggressiv.
Alle Arten von Unzertrennlichen müssen paarweise gehalten werden. Ein Einzelvogel würde aus unerfüllter Sehnsucht nach einem Partner sterben.
Unzertrennliche ahmen weder Wörter noch Geräusche nach, sie sind völlig mit ihrem Eigenleben beschäftigt. Für die Unterbringung ist eine Zimmervoliere mit den Maßen 80 x 100 x 200 cm ideal.
In größeren Räumen können auch 2 bis 3 feste Pärchen leben.
Kommt es jedoch zur Brut eines Paares, muß dieses isoliert werden.
Unzertrennliche brauchen stets eine Bademöglichkeit.
Beim Nestbau weichen einige brütende Vögel das Nistmaterial im Badewasser ein. Die Nistkästen werden ständig von den Paaren zum Schlafen benützt.

Pfirsichköpfchen
Agapornis fischeri
Aussehen: Es gleicht dem Rosenköpfchen, Stirn, Wangen und Kehle sind jedoch orangerot; Brust goldgelb; Bauch hellgrün. Rücken, Schulter-, Flügeldecken sowie die äußeren Fahnen der Schwungfedern sattgrün; innere Fahnen der Schwungfedern schwarz; Bürzel und obere Schwanzfedern blau. Das Gesicht wirkt eindrucksvoll

Rosenköpfchen.

Schwarzköpfchen.

durch kräftige, weiße, unbefiederte Augenringe und Wachshaut. Männchen und Weibchen sehen gleich aus.
Gesamtlänge: 15 cm.
Jungvögel: Die Gefiederfarben sind vor allem im Gesicht wesentlich matter, der Oberschnabel ist an der Basis dunkelgrau.
Verbreitung: Im Hochland von Nordtansania.
Haltung: → Rosenköpfchen. Die Weibchen tragen das Nestbaumaterial mit dem Schnabel ein.

Rosenköpfchen
Agapornis roseicollis
Aussehen: Smaragdgrünes Gefieder; blaue Bürzel und Oberschwanzfedern sowie rosarote bis lachsrosa Gesichter.
Die Rottöne reichen von der Stirn über die Wangen bis zur Vorderbrust. Männchen und Weibchen sehen gleich aus.
Gesamtlänge: 15 cm.
Jungvögel: Die obere Hälfte des Oberschnabels ist dunkel gefärbt, die Rottöne sind sehr blaß.
Verbreitung: Steppen und Savannen mit Wasserstellen bis zur Höhe von 1600 m in Namibia und Südwestangola.
Haltung: Untereinander sind Rosenköpfchen meist verträglich, doch aggressiv gegenüber Vögeln anderer Arten. Bei Reihenvolieren werden daher sogar doppelte Trenngitter empfohlen. Die Weibchen tragen das Nestbaumaterial ins Gefieder von Unterrücken oder Bürzel gesteckt in den Nistkasten. Als Nestbaumaterial nehmen sie Blätter oder Papier, das sie zerkleinern, manchmal auch im Badewasser einweichen. Männchen beteiligen sich nicht an dieser Aufgabe.

Schwarzköpfchen
Agapornis personatus
Aussehen: Gleicht den anderen Arten der Unzertrennlichen, sticht aber eindrucksvoll durch das schwarzbraune Gesicht mit weißen, unbefiederten Augenringen von ihnen ab; leuchtend roter Schnabel; Brust, Hals und Nacken sonnenblumengelb; Flügeldecken dunkelgrün; Unterflügeldecken blaugrau und grün; obere Schwanzfedern blaßblau. Auf der oberen Schwanzdecke zieht sich ein schwarzes Band mit dunkelgelber Zeichnung hin.
Männchen und Weibchen sehen gleich aus.
Gesamtlänge: 15 cm.
Jungvögel: Die Gefiederfarben sind wesentlich matter, die obere Hälfte des Oberschnabels ist dunkelgrau.
Verbreitung: Zentraltansania in Höhen bis zu 1700 m. In Nairobi und Daressalam eingebürgert.
Haltung: Nur paarweise, da in größeren Gruppen unverträglich.
Als Nestbaumaterial wird zerkleinerte Rinde mit dem Schnabel eingetragen.

Langflügelpapageien

Mohrenkopfpapagei.

Goldbugpapagei.

Die Gattung der Langflügelpapageien, *Poicephalus*, vereint unterschiedlich große und gefärbte Vögel. Alle sehen hübsch aus, haben eine angenehme Stimme und ein sanftes Gemüt.

Mohrenkopfpapagei
Poicephalus senegalus
Aussehen: Stirn und Oberkopf dunkleres Grau als Kehle und Wangen. Die hellgrünen Nackenfedern umschließen den Hals und bilden auf der Brust ein spitzes Dreieck, was sich an den Schenkeln wiederholt. Seitliche Brust, Bauch und Unterschwanzdecke goldgelb bis orangegelb; Schwung- und Schwanzfedern olivgrün bis olivbraun; Schultern und Flügeldecken grün. Männchen und Weibchen sehen gleich aus.
Gesamtlänge: 24 cm.
Jungvögel: Der Schnabel ist grau und rosa, das Gelb des Bauchgefieders fehlt weitgehend.
Verbreitung: Zentralafrika.
Haltung: Junge Vögel werden als Heimtiere zutraulich, manchmal sogar handzahm. Schließt sich ein Mohrenkopfpapagei dem Pfleger nicht eng an, sollte er unbedingt mit einem Artgenossen zusammen in einer Zimmervoliere gehalten werden. Die Vögel brauchen aber viel Freiflug.

Goldbugpapagei
Poicephalus meyeri
Aussehen: Kopf, Kehle, Nacken, Oberseite, Schwingen und Schwanz graubraun; Bürzel- und Bauchgefieder bläulichgrün mit einigen graubraunen Säumen; Scheitel, Schenkel, Unterflügel- und Unterschwanzdecken und die Büge leuchtend gelb bis goldgelb. Männchen und Weibchen sehen gleich aus.
Gesamtlänge: 22 cm.
Jungvögel: Überwiegend grau, Gelb fehlt oder ist nur mäßig ausgebildet.
Verbreitung: Zentralafrika vom Sudan bis Sambia.
Haltung: Junge Vögel gewöhnen sich gut an menschliche Gesellschaft, werden zahm und zutraulich. Dennoch ist paarweise Haltung anzuraten, da Einzelvögel leicht vereinsamen.

Graupapagei

Graupapagei beim Naschen von Lindensamen.

Der Graupapagei ist wohl der bekannteste afrikanische Papagei, weil er in tausenden Haushalten gehalten wird. Erfolgreiche Nachzuchten werden es sicherlich ermöglichen, vielen, die sich einen dieser besonders pfiffigen und schlauen Hausgenossen wünschen, ihren Wunsch zu erfüllen.
Obgleich die meisten Vertreter dieser Art im Aussehen dem auf dem Foto gleichen, sind auch Graupapageien bekannt, deren graues Gefieder von mehr oder weniger vielen rosa Federn durchsetzt ist. Die Ursache dieser Erscheinung ist noch nicht eindeutig geklärt.

Graupapagei
Psittacus erithacus
Aussehen: Nuanciertes graues Gefieder von hell- bis schwarzgrau; Federn im Nacken, an Hals und Kehle fein weiß gesäumt; unbefiederte, weiße Gesichtshaut; auffallend leuchten rote Schwanzfedern. Der Timneh-Papagei – *Psittacus e. timneh* – unterscheidet sich vom Graupapagei durch rostbraune Schwanzfedern, einen fleischfarbenen Oberschnabel mit dunkler Spitze, und er ist etwas kleiner. Männchen und Weibchen sehen gleich aus.
Gesamtlänge: 36 cm.
Jungvögel: Das Rot der Schwanzfedern erscheint etwas dunkler.
Verbreitung: Von der Elfenbeinküste bis Nordwesttansania.
Haltung: Handaufgezogene Vögel werden rasch zahm und schließen sich ihrem Pfleger eng an. In der Bruthöhle aufgewachsene Vögel sind oft monate-, ja jahrelang scheu und ängstlich dem Menschen gegenüber. Graupapageien zählen zu den begabtesten Sprechern und Nachahmern. Ihre Intelligenzleistungen sind beachtlich. Während der Eingewöhnungszeit lassen sie oft ihre laute Stimme hören. Unterbeschäftigte, vernachlässigte Vögel beginnen häufig mit dem Federrupfen.

Kakadus

Großer Gelbhaubenkakadu.

Die Heimat der Kakadus ist Australien, Indonesien, Ozeanien und die Philippinen. Kakadus werden in die Gruppen der schwarzen und der weißen Kakadus gegliedert. Die weißen Kakadus teilen sich wiederum in die Arten mit schwarzem und die mit weißem Schnabel.
Kakadus sind weitgehend an waldreiche Lebensräume gebunden. Wegen der fortschreitenden Waldrodungen in ihrer Heimat sind viele Arten stark gefährdet, einige gar vom Aussterben bedroht.
Kakadus sind überaus intelligent und können in der Obhut des Menschen beachtliche Leistungen erbringen. Doch eignen sie sich nur bedingt als Heimvögel, da ihr naturbedingtes Nagebedürfnis und ihr kräftiger Schnabel jegliches Holz zu Sägemehl verarbeitet. Eingesperrt in einen Käfig, wird der Vogel zum Federrupfer mit tödlichen Folgen. Nur geräumige Flugvolieren mit vielen starken Ästen zum Zernagen kann einem Kakadupaar als angemessener Lebensraum dienen. Der Boden dieser Voliere muß betoniert sein, denn Kakadus graben ausdauernd mit dem Schnabel im Boden und könnten leicht unter dem Gitter hindurch entkommen. Aber man sollte Kakadus immer durch Aufschütten von Erde auf dem Volierenboden das Graben ermöglichen.
Ein einzeln gehaltener Kakadu braucht fast ununterbrochenen Kontakt zu seiner Bezugsperson, wenn er nicht kümmern und mit Schnabel oder Stimme Schaden anrichten soll. Schwierig ist die Ernährung von Kakadus, weil sie nur sehr zögerlich ungewohnte Nahrung annehmen. Sie benötigen aber viel Frischkost und neben

Gelbwangenkakadu.

Orangehaubenkakadu.

Kleiner Gelbhaubenkakadu.

Sämereien auch zusätzlich Eiweiß. Versuchen Sie mit entsprechender Geduld immer wieder, sie zum Genuß von Ungewohntem zu bringen.

Gelbhaubenkakadu,
Großer Gelbhaubenkakadu
Cacatua galerita
Aussehen: Weißes Gefieder, gelbe Federhaube; leicht gelbliche Färbung der Kehlfedern; Flügelunterseiten und Schwanz hellgelb; weißer, unbefiederter Augenring. Männchen haben eine dunkelbraune, Weibchen eine rötlichbraune Iris.
Gesamtlänge: 50 cm.
Jungvögel: Die Iris ist braun.
Verbreitung: Im Norden, Osten und Süden von Australien.
Haltung: → Kakadus.

Gelbwangenkakadu,
Kleiner Gelbhaubenkakadu
Cacatua sulphurea
Aussehen: Gleicht dem Gelbhaubenkakadu, jedoch mit gelbem Wangenfleck. Das Weibchen hat eine rotbraune Iris, die des Männchens ist dunkelbraun.
Gesamtlänge: 33 cm.
Jungvögel: Sie haben eine graue Iris. Die Iris weiblicher Jungvögel wird im 2. Lebensjahr blaßgelb, dann rotbraun.
Verbreitung: Indonesien, Sunda-Inseln, kleine Inseln der Flores- und Java-See.
Haltung: Jung erworbene, einzeln gehaltene Kakadus werden überaus zahm und anhänglich, sind für den Pfleger aber eine fast tagesfüllende Aufgabe. Sich selbst überlassen, protestieren sie mit ohrenbetäubendem Schreien oder werden Federrupfer.

Orangehaubenkakadu
Cacatua sulphurea citrinocristata
Aussehen: Er gleicht dem Gelbwangenkakadu, nur sind alle Gelbtöne des Gefieders deutlich hellorangerot. Männchen sind meist

Kakadus

Rosakakadu.

Goffin-Kakadu.

Nacktaugenkakadu.

etwas größer als Weibchen und haben einen kräftigeren Schnabel.
Gesamtlänge: 33 cm.
Jungvögel: Wie Eltern.
Verbreitung: Insel Sumba der Kleinen Sunda-Inseln.
Haltung: Selten als Heimvogel, da fast unbezahlbar. Gut eingewöhnt ist der Orangehaubenkakadu aber überaus anhänglich und braucht als Einzelvogel ständigen Kontakt zum Pfleger. Paarweise Haltung ist aus diesem Grund ratsam. Laute Stimme, die auf Dauer die Nerven strapazieren kann.

Nacktaugenkakadu
Cacatua sanguinea, neuerdings *Cacatua pastinator*
Aussehen: Weißes Gefieder mit wenigen orangeroten Tupfen am Zügel sowie rötlichen Tupfen an der Basis der Kopf-, Nacken-, Rükken- und Brustfedern; Unterseiten der Schwanz- und Schwungfedern hellgelb; blaugrauer Augenring, der sich im unteren Teil zu einem Oval weitet; langer, schmaler Oberschnabel. Weibchen sind geringfügig kleiner als Männchen.
Gesamtlänge: 38 cm.
Jungvögel: Sie haben einen kürzeren Schnabel; der Augenring ist grau, nicht blaugrau.
Verbreitung: Südwestliches Australien.
Haltung: → Kakadus. Sprechbegabt, sanftes, friedfertiges Wesen.

Goffin-Kakadu
Cacatua goffini
Achtung: Geschützt gemäß WA I.
Aussehen: Grundgefiederfärbung weiß; runde, weiße Augenringe; Zügel und Federhaube lachsrosa; hellgrauer Schnabel. Männchen haben eine schwarze, Weibchen eine rötliche Iris.
Gesamtlänge: 32 cm.
Jungvögel: Wie Eltern.
Verbreitung: Tanimbar-Inseln in Indonesien, vorwiegend in Wäldern.
Haltung: → Kakadus. Goffin-Kakadus sind bei paarweiser Haltung recht problemlos. Sie haben ein starkes Nagebedürfnis und eine laute Stimme.

Rosakakadu
Eolophus roseicapillus, neuerdings *Cacatua roseicapilla*
Aussehen: Oberkopf rosaweißlich; Haubenfedern rosarot mit rosaweißlichen Säumen; Wangen, Kehle, Brust und Bauch kräftig rosarot; Rücken, Flügel- und Oberschwanzseiten mittelgrau; Flügel- und Unterschwanzseiten dunkelgrau. Der schmale, unbefiederte, rötliche Augenring kann sich in der Struktur von glatt zu runzelig verändern.
Weibchen haben eine rötlichbraune Iris, doch ist dies kein verläßliches Merkmal, da variabel.
Gesamtlänge: 35 cm.
Jungvögel: Bis zum Alter von einem Jahr mattere Gefiederfarben, Scheitel und Brust sind von einem Grauschleier überlagert.
Verbreitung: Zentralaustralien.
Haltung: → Kakadus. Weniger stimmgewaltig als die beschriebenen Arten. Sollte vorwiegend in der Voliere gehalten werden.

Halmahera-Edelpapageien.

Neuguinea-Edelpapageien.

Edelpapageien sind in Indonesien, auf der australischen Halbinsel Kap York, auf den Salomon Inseln und in Neuguinea zu Hause.

Halmahera-Edelpapagei
Eclectus roratus vosmaeri
Aussehen Männchen: Alle Männchen der Gattung haben grünes Gefieder. Selbst Spezialisten sind bei der Zuordnung von Männchen zu einer Art unsicher und nehmen dies vor allem durch die Körpergröße vor.
Gesamtlänge: 38 cm.
Aussehen Weibchen: Rotes Gefieder an Kopf und Kehle, Brust und Nacken blauviolett, Flügelbug blau, Flügeldecken rostbraun. Am Schwanz bilden die Federenden ein breites, gelbes Band, die Unterschwanzseite ist dunkel orange.
Gesamtlänge: 38 cm.
Jungvögel: Die Geschlechter sind schon beim Verlassen der Nisthöhle an den Gefiederfarben zu erkennen, obwohl sie noch nicht die endgültige Intensität aufweisen.
Verbreitung: Molukken-Inseln.
Haltung: Jung erworbene, allein gehaltene Vögel werden sehr zahm, verhalten sich friedlich, können aber träge werden. Die Paarhaltung ist zu empfehlen, zumal Edelpapageien angenehme Stimmen haben und über ein klangvolles Repertoire von Lauten verfügen. Geräumige Klettermöglichkeiten mit kräftigen Ästen und Zweigen nötig.

Neuguinea-Edelpapagei
Eclectus roratus polychlorus
Aussehen Männchen: Intensiv grünes Gefieder; rote Unterseiten der Flügel; blauer Flügelbug; dunkelblaue Außenfahnen der Handschwingen. Kräftiger, orangeroter Oberschnabel mit gelber Spitze.
Gesamtlänge: 35 cm.
Aussehen Weibchen: Gefieder an Kopf, Hals, Kehle und Brust rot. Auf dem Rücken leuchtet ein blauviolettes Dreieck; Bauchgefieder kräftig blau; Flügeldecken dunkel rotbraun; fein befiederte, blaue Augenringe.
Gesamtlänge: 35 cm.
Jungvögel: → Halmahera-Edelpapageien.
Verbreitung: Neuguinea und westliche Papua-Inseln.
Haltung: → Halmahera-Edelpapageien.

Papageien-Lexikon

Was haben die Kreuzritter mit Papageien zu tun? Wieviele Kakadu-Arten gibt es überhaupt? Was ist eine Aspergillose? Diesen Fragen werden Sie auf die Spur kommen, wenn Sie sich in das kleine Papageien-Lexikon vertiefen. Die Stichwörter mit kurzen Erläuterungen sind alphabetisch geordnet und werden Ihr Wissen rund um die Papageien erweitern.

A

Amazonenarten

Nach Wolters (→ Seite 95), gibt es 28 Amazonen-Arten und deren Unterarten. Einige sind bereits ausgestorben, andere stark gefährdet, wie zum Beispiel die Kaiseramazone, deren Lebensraum mehr und mehr zerstört wird. Heute gibt es nur noch etwa 80 freilebende Kaiseramazonen. Hier die von Wolters aufgeführten Amazonen-Arten und deren Unterarten:

Blaubartamazone, *Amazona festiva*, Unterart: *A. f. bodini.*
Vorkommen in Brasilien, Peru, Ecuador, Kolumbien, Guayana; meist in der Nähe von Flüssen; einzige Amazone mit rotem Bürzel. Kein häufiger Heimvogel.

Blaukappenamazone, *Amazona finschi.*
Vorkommen im Westen von Mexico; häufig und weit verbreitet. Selten als Heimvogel gehalten; manchmal in Papageiensammlungen zu sehen, wo auch die Zucht gelang.

Blaukopfamazone, *Amazona arausiaca.*
Vorkommen auf der Insel Dominica, Kleine Antillen. Ein sehr begrenzter Lebensraum, der durch Rodung zunehmend vernichtet wird. Bestand der Art sehr gefährdet.

Blaumaskenamazone, Blaustirnamazone, *Amazona versicolor.*
Vorkommen ausschließlich auf der Insel St. Lucia, Kleine Antillen. Der Bestand der Art ist äußerst gefährdet, doch streng geschützt. Kein Heimvogel.

Gelbflügelamazone, Gelbschulter- oder Kleine Gelbkopfamazone, *Amazona barbadenis.*
Vorkommen nur noch selten auf den Venezuela vorgelagerten Inseln Blanquilla, Margarita, Bonaire; in Nordvenezuela noch relativ häufig. Sehr seltener Heimvogel.

Gelbscheitelamazone, *Amazona ochrocephala* (→ Seite 68), Unterarten: *A. o. oratrix, A. o. auropalliata, A. o. natteri.*
Als Heimvogel oft gehalten, da bemerkenswert intelligent. Die Zucht ist bereits öfters gelungen.

Goldbauchamazone, Gelbbauchamazone, *Amazona xanthops.*
Vorkommen in Brasilien; gebietsweise häufig. Sehr seltener Heimvogel; höchstens in zoologischen Gärten zu sehen.

Goldmaskenamazone, *Amazona dufresniana*, Unterart: *A. d. rhodocorytha.*
Vorkommen Guayana, Brasilien, Venezuela. Selten als Heimvogel gehalten; Berichte über Lebensweise, Gefährdung oder Haltung kaum zu finden.

Goldzügelamazone, *Amazona xantholora.*
Vorkommen auf der Halbinsel Yukatán im Südosten von Mexiko, British-Honduras, Cozumel und Roatçn Insel. Seltener Heimvogel; die Zucht ist jedoch schon gelungen.

Grünwangenamazone, Mexikanischer Rotkopfpapagei, *Amazona viridigenalis* (→ Seite 69). Durch Lebensraumzerstörung bedroht. Seltener Heimvogel, dessen Zucht jedoch schon gelungen ist.

Haiti-Amazone, Blaukronenamazone, *Amazona ventralis.*
Vorkommen auf Haiti; in Puerto Rico eingeführt. Auf Haiti bedroht, in Puerto Rico relativ häufig. Seltener Heimvogel, die Zucht ist jedoch bereits gelungen.

Jamaika-Amazone, *Amazona collaria.*
Vorkommen auf Jamaika; häufiger und verbreiteter als die dort ebenfalls vorkommende Rotspiegelamazone. Seltene Heimvögel, die Zucht ist jedoch gelungen.

Kaiseramazone, *Amazona imperialis.*

Vorkommen ausschließlich auf der Insel Dominica, Kleine Antillen. Durch Zerstörung des Lebensraums vom Aussterben bedroht.

Königsamazone, *Amazona guildingii.*
Vorkommen ausschließlich im Bergland der Insel St. Vincent, Kleine Antillen. Sehr selten und gefährdet.

Kuba-Amazone, *Amazona leucocephala*; Unterarten: *A. l. bahamensis, A. l. caymanensis.*
Vorkommen in Kuba, auf den Bahamas, Isle of Pines. Bedrohte Art, jedoch in Kuba seit einigen Jahren geschützt. Als Heimvogel gesucht, aber selten. Die Zucht ist bereits gelungen.

Mülleramazone, *Amazona farinosa* (→ Seite 68), Unterarten: *A. f. guatemalae, A. f. virenticeps.*
In waldreichen Gebieten noch häufig. Besonders große Amazone, die nicht oft als Heimvogel gehalten wird, eher in Tiergärten zu sehen ist.

Prachtamazone, *Amazona pretrei.*
Vorkommen in Brasilien von São Paulo bis Rio Grande. Durch schwindenden Lebensraum gefährdet. Wird ganz selten als Heimvogel gehalten.

Puerto-Rico-Amazone, *Amazona vittata.*
Vorkommen in Puerto-Rico, das zu den USA gehört. Da es von dieser Art nur noch ungefähr 40 Vögel gibt, untersteht ihr etwa 80 Quadratkilometer großer Lebensraum glücklicherweise dem US-Wildlife-Service und ist somit streng geschützt. Dennoch gehört sie zu den am meisten gefährdeten Arten.

Rotbugamazone, Blaustirnamazone, *Amazona aestiva* (→ Seite 66), Unterart: *A. a. xanthopteryx.*
Regional noch häufig, jedoch von fortschreitender Zerstörung des Lebensraums bedroht. Eine der beliebtesten Amazonen als Heimtier, da talentiert zur Nachahmung. Erste Zuchterfolge sind bekannt.

Rotschwanzamazone, *Amazona brasiliensis.*
Vorkommen in beschränkten Gebieten im Südosten Brasiliens; Bestand wegen Zerstörung des Lebensraums gefährdet. Außerhalb Brasiliens kaum bekannt.

Rotspiegelamazone, *Amazona agilis.*
Vorkommen in Jamaika, wo sie manchmal in Gesellschaft der Jamaica-Amazone zu beobachten ist. Leider gefährdet. Selten als Heimvogel gehalten.

Rotstirnamazone, Gelbwangenamazone, *Amazona autumnalis* (→ Seite 67), Unterarten: *A. a. salvini, A. a. lilacina, A. a. diadema.*
In den USA beliebter und häufiger Heimvogel, in Europa selten. Die Zucht ist zwar unter großen Schwierigkeiten gelungen, jedoch in geringem Umfang.

Soldatenamazone, *Amazona mercenaria.*
Vorkommen in den Andengebieten Kolumbiens, Boliviens und Venezuelas; seltene Art. Als Heimvogel weitgehend unbekannt.

Taubenhalsamazone, *Amazona vinacea.*
Vorkommen im Südosten Brasiliens bis Nordostargentinien und Südostparaguay. Gefährdete Art durch Zerstörung des Lebensraums. Als Heimvogel selten, eher in Tiergärten zu sehen.

Tucuman-Amazone, *Amazona tucumana.*
Vorkommen in Bolivien und Nordargentinien; lebt vorwiegend an den Abhängen der Anden. Beliebter Heimvogel, dessen Nachzucht bereits gelungen ist.

Venezuela-Amazone, *Amazona amazonica* (→ Seite 67).
Verbreitete und häufige Art. Ein beliebter und oft gehaltener Heimvogel. Zuchtberichte sind bekannt, jedoch nur vereinzelt.

Weißstirnamazone, *Amazona albifrons* (→ Seite 67), Unterart: *A. a. nana.*
Kein seltener Heimvogel, dennoch gibt es nur spärliche Berichte über ihn.

Aras

Bekannt sind vor allem die großen, farbenprächtigen Ara-Arten, die Mittel- und Südamerika bewohnen. Doch gehören auch kleinere und oft weniger auffallende Vögel zu den Gattungen »Eigentliche Aras«, *Ara,* »Blauara«, *Anodorhynchus* und »Spix Blauara«, *Cyanopsitta spixii.*
Hier die von Wolters (→ Seite 95) aufgeführten Arten mit Unterarten:

Arakanga, Hellroter Ara, *Ara macao.*
Vorkommen in Südmexiko, Boli-

vien, Brasilien; äußerst gefährdet durch die Zerstörung der Lebensräume und durch den Fang zur Ernährung der einheimischen Bevölkerung. Dennoch häufig in Tiergärten und als Heimvogel zu sehen. Die Zucht gelingt weltweit.

Bechsteinara, Großer Soldatenara, *Ara ambigua.*
Vorkommen in Nicaragua, Westecuador; häufig in Tiergärten zu sehen; als Heimvogel selten.

Blaukopfara, Gebirgsara, *Ara couloni.*
Vorkommen in Peru; wenig bekannt; kaum beschrieben. Selten als Heimvogel gehalten; selten in Tiergärten zu sehen.

Gelbbrustara, *Ara ararauna* (→ Seite 71).
Eine der bekanntesten Ara-Arten, die jedoch durch Zerstörung des Lebensraums sehr gefährdet ist. Als Heimvogel nicht selten; häufig in Tiergärten. Zucht vielfach gelungen.

Grünflügelara, Dunkelroter Ara, *Ara chloroptera* (→ Seite 70).
Häufig als Heimvogel gehalten und in Tiergärten zu sehen. Die Zucht ist mehrfach gelungen.

Halsbandara, Goldnackenara, *Ara auricollis.*
Vorkommen in Bolivien, Paraguay, Argentinien; gebietsweise häufig zu beobachten. Selten als Heimvogel gehalten; die Zucht ist in Einzelfällen gelungen.

Hyazinthara, *Anodorhynchus hyacinthinus.*
Mit 1 m Körperlänge die größte Ara-Art mit tiefblauem Gefieder und gelben Augenringen. Vorkommen in Brasilien; regional in unbewohnten Gebieten noch nicht selten. Streng geschützt. Als Heimvogel selten, da ausnehmend teuer und nur mit großem Aufwand zu halten. In Tiergärten jedoch häufig zu sehen. Die Zucht ist mehrfach gelungen.

Kaninde, *Ara caninde.*
Sehr seltene Ara-Art, die nur gebietsweise in Bolivien vorkommt und von der nur noch etwa 1000 Tiere existieren.

Links Hyazinthara, rechts Gelbbrustara. Die kräftigen, beweglichen Schnäbel dienen den Papageien neben den Füßen als zusätzliches Kletterorgan.

Bestand äußerst gefährdet.

Lear-Ara, *Anodorhynchus leari.*
Vorkommen in einem sehr abgelegenen Gebiet im nordöstlichen Brasilien. Art vom Aussterben bedroht. Es wird befürchtet, daß von dieser Art nur noch etwa 100 Vögel leben.

Marakana, *Ara maracana.*
43 cm Körperlänge; leuchtend rote Stirn, dunkelgrünes Grundgefieder.
Vorkommen in Brasilien, Paraguay; wegen Zerstörung der Lebensgebiete gefährdet. Selten als Heimvögel und in Tiergärten.

Rotbauchara, *Ara manilata.*
Vorkommen in Kolumbien, Venezuela, Peru, im Inneren Brasiliens.

Rotbugara, *Ara severa* (→ Seite 71); Unterart: *A.s. castaneifrons.*
Knapp 50 cm lang, grünes Grundgefieder mit blauem Scheitel und blauen Handschwingen. Im natürlichen Lebensraum gebietsweise häufig. Vor allem in Tiergärten zu sehen. Zuchten sind gelungen.

Rotohrara, *Ara rubrogenys.*
Grünes Grundgefieder mit rotem Scheitel, rotem Bug und rotem Ohrfleck. Vorkommen in Bolivien. Diese Art ist erst seit 17 Jahren bekannt und wird sehr selten gehalten.

Soldatenara, *Ara militaris.*
Unterart: *A. m. mexicana;*
Vorkommen in Mexiko, Kolumbien, Venezuela, Peru, Bolivien, Argentinien. Nicht selten in Tiergärten zu sehen, jedoch kaum als Heimvogel.

Spixara, *Cyanopsitta spixii.*
Seltenste Ara-Art, von der man nur durch spärliche Berichte kleine Lebensgebiete in Brasilien kennt. Die Art ist vom Aussterben bedroht. Es gibt nur noch einige wenige Vögel. 17 Spixaras leben derzeit in Vogelparks und Zoos.

Türkisara, Meerblauer Ara, *Anodorhynchus glaucus.*
Fragliche Vorkommen in Argentinien, Brasilien, Uruguay; nach neuesten Beobachtungen gilt

diese Art fast sicher als ausgestorben.
Zwergara, *Diopsittaca nobilis*, Unterart: *D. n. cumanensis »hahni«* (→ Seite 70);
Nur 30 cm Körperlänge. Im natürlichen Lebensraum gebietsweise häufig. Seltener Heimvogel, doch öfters in Tiergärten zu sehen. Die Zucht ist gelungen.

Aspergillose
Durch Schimmel entstehende Pilzinfektion, gegen die kein Heilmittel existiert. Lebensbedrohend für Papageien. Achtung: verschimmelte Nahrung wegwerfen!

B

Bodengitter
Viele Käfige sind mit einem Bodengitter ausgestattet, das den Kontakt des Vogels mit dem Kot verhindern soll. Es hindert aber den Papagei, im Sand zu picken und für seine Verdauung notwendige Steinchen aufzunehmen. Einige Papageienarten spielen gern auf dem Boden, kratzen im Sand und vollziehen manchmal dort auch die geschlechtliche Vereinigung. Deshalb sollte das Bodengitter entfernt werden.

Bruttemperaturen
37 °C ist für die meisten Papageien ideal zum Brüten; bei weniger Wärme kann sich das Schlüpfen der Jungen verzögern.

D

Dunen
Auch als Daunen bekannt: Feine Flaumfedern, die den Körper frisch geschlüpfter Jungen mancher Papageienarten bedecken (bei manchen Arten schlüpfen sie auch nackt). Die Dunen fallen später aus und werden von einem dichteren Dunenkleid ersetzt.

E

Edelpapageien
Nach Wolters (→ Seite 95), gibt es nur eine Art und sechs Unterarten.
Neuguinea-Edelpapagei, *Eclectus roratus polychlorus* (→ Seite 81), Unterarten: *E. r. cornelia, E. r. riedeli, E. r. vosmaeri, E. r. salomonensis, E. r. macgillivrayi.*
Halmahera-Edelpapagei *(→ Seite 81), Eclectus roratus vosmaeri.* Vorkommen auf den Molukken-Inseln.

Erdgeschichtliches Alter
Fossile Funde lassen vermuten, daß bereits vor 30 bis 20 Millionen Jahren Papageien auf der Erde lebten. Die Fossilien stammen alle aus Schichten des Oligozäns, dem letzten Drittel des Tertiärs. Wahrscheinlich lebten damals auch in Europa Papageien, denn ein papageienähnliches Fossil wurde aus eben diesen Schichten bei Allier in Frankreich geborgen.

F

Feilkerben
→ Papageienschnabel, → Seite 90.

Futterautomaten
Röhrenförmige Behälter, in die Körnermischung gefüllt wird. Das Futter fällt dann automatisch in eine kleine Futterrinne. Vorteil: Die Vögel sind theoretisch stets mit Nahrung versorgt. Nachteil: Der Futterautomat muß ständig kontrolliert werden, ob er auch tatsächlich funktionstüchtig ist.

G

Geschlechtsbestimmung
Die sicherste Methode, das Geschlecht eines Papageis zu bestimmen, ist die Endoskopie (→ Seite 16).
Manche Ornithologen bestimmen das Geschlecht annähernd sicher durch Kotuntersuchungen, indem das Verhältnis von Oestrogenen zu Testosteron ermittelt wird.
Erfahrene Züchter und Zoologen bestimmen das Geschlecht durch Vergleiche. Da Weibchen im allgemeinen ein etwas breiteres Becken haben als Männchen, ist der Abstand der Füße beim Sitzen ein wenig größer als bei den Männchen. Hat der Finger

eines Mannes zwischen den Bekkenknochen unmittelbar vor der Afteröffnung eines Großpapageis Platz, kann es sich mit großer Wahrscheinlichkeit um ein Weibchen handeln.
Auch die Form und Größe des Schnabels und der Köpfe können ein Anhaltspunkt sein.

Graupapagei

= *Psittacus erithacus* (→ Seite 77); Unterart: *P. e. timneh.*
Einer der bekanntesten Papageien; häufiger, beliebter Heimvogel, dessen Zucht weltweit erfolgreich ist.

Geschlechtsbestimmung. Bei den meisten Papageienarten sind Männchen und Weibchen äußerlich nicht voneinander zu unterscheiden. Erfahrene Züchter und Zoologen bestimmen das Geschlecht durch Vergleiche. Weibchen (rechts) sitzen häufig breitbeiniger auf der Stange als Männchen.

K

Kakadu-Arten

Nicht alle Kakadus gehören zur gleichen Gattung. Die seltenen Arten, die höchstens in Tiergärten zu bewundern sind, wie Rabenkakadu, Braunkopfkakadu und Ruß- oder Gelbohrkakadu, gehören der Gattung *Calyptorhynchus* an, während der Helmkakadu als einzige Art die Gattung *Callocephalon* bildet und der Arakakdu die Gattung *Probosciger*. Ebenso bildete der bekannte Rosakakadu die eigene Gattung *Eolophus*, neuerdings zu *Cacatua* gestellt. Alle anderen bekannten Kakadus gehören zur Gattung der Schwarzschnabel- oder Weißschnabelkakadus, die lateinisch *Cacatua* heißt. Hier die einzelnen Arten und ihre Unterarten nach Wolters (→ Seite 95):

Arakakadu, Palmkakadu, *Probosciger atterimus,* Unterarten: *P. a. stenolophus; P. a. goliath.*
Vorkommen in Nordostaustralien/Kap Horn.

Braunkopfkakadu, *Calyptorhynchus lathami.*
Kommt in Ost- und Mittelaustralien vor.

Brillenkakadu, Blauaugenkakadu, *Cacatua ophthalmica.*
Ein weißer Kakadu mit leuchtend blauen Augenringen. Vorkommen auf dem Bismarck-Archipel. (Wird in anderen Veröffentlichungen auch als Unterart des Großen Gelbhaubenkakadus beschrieben.)

Gelbhaubenkakadu, Großer Gelbhaubenkakadu, *Cacatua galerita* (→ Seite 79).
Gelbhaubenkakadus zeichnen sich durch ein sanftes Naturell aus und werden in der Obhut des Menschen sehr anhänglich.

Gelbwangenkakadu, Kleiner Gelbhaubenkakadu, *Cacatua sulphurea* (→ Seite 79).
Unterarten: *C. s. occidentalis; C. s. citrinocristata,* Orangehaubenkakadu (→ Seite 79); *C. s. parvula.*
Ein besonders beliebter Heimvogel, der mit hingebender Liebe an seinem Pfleger hängt; die Zucht gelingt weltweit.

Goffin-Kakadu, *Cacatua goffini* (→ Seite 80).
Erst seit ungefähr 20 Jahren in Europa bekannt, da viele Vögel wegen der großflächigen Rodungen keinen Lebensraum mehr hatten und deshalb einfach als Ware exportiert wurden.

Inkakakadu, *Cacatua leadbeateri.*
Vorkommen im Inneren von West-, Süd-, Südostaustralien; in weiten Teilen ihres Verbreitungsgebietes sehr selten, nur in wenigen Bereichen noch etwas häufiger. Wegen seiner schönen mehrfarbigen Haube begehrter Heimvogel, doch kaum noch zu bekommen; Zucht häufig gelungen; vorwiegend in Tiergärten zu sehen.

Molukken-Kakadu, *Cacatua moluccensis.*
Vorkommen auf den südlichen Molukken-Inseln Seran, Saparua, Haruku und eingebürgert auf Amboina. Wegen seiner ganz besonders ausgeprägten Intelligenz, begehrter Heimvogel; kaum noch zu bekommen; häufig in Tiergärten zu sehen.

Nacktaugenkakadu, *Cacatua pastinator (sanguinea)* (→ Seite 80).

Vorkommen: Inneres von Nordwest- und Mittelaustralien. (Die Angaben über Art und Unterarten sind in den verschiedenen Veröffentlichungen etwas widersprüchlich.)
Nasenkakadu, *Cacatua tenuirostris.*
Vorkommen im Südosten und Südwesten Australiens. Durch Zerstörung der Lebensräume nahm die Zahl der Nasenkakadus lange Zeit beängstigend ab. Heute leben nur noch wenige in den angestammten Gebieten. Mit ihren besonders langen Schnäbeln sind die Vögel in der Lage, ihre bevorzugte Nahrung, nämlich Wurzeln, auszugraben.
Rabenkakadu, *Calyptorhynchus magnificus;* Unterart: *C. m. naso.*
Vorkommen in ganz Australien.
Rosakakadu, *(Eolophus roseicapillus) Cacatua roseicapilla* (→ Seite 80).
Da Rosakakadus weltweit gezüchtet werden, sind sie sicherlich auch in Zukunft noch als Heimvögel zu bekommen; häufig in Tiergärten zu sehen.
Rotsteißkakadu, *Cacatua haematuropygia.*
Vorkommen auf den Philippinen und auf der Palawan-Inselgruppe. Da sie Schäden in Getreidefeldern anrichten, werden sie von Landwirten verfolgt. Noch sind sie häufig, doch ausgedehnte Rodungen verursachen einen steten Rückgang der Populationen. Zuchterfolge in Europa und Amerika.
Rußkakadu, Gelbohrkakadu, *Calyptorhynchus funereus,* Unterart: *C. f. baudinii.*
Salomonen-Kakadu, *Cacatua ducorps.*
Vorkommen auf den östlichen Salomon-Inseln, wo er noch relativ häufig ist. Einer dieser reizvollen und zierlichen Kakadus lebt leider partnerlos im Loro Parque auf Teneriffa. Er muß früher bei Spaniern gelebt haben, denn er spricht einige spanische Sätzchen. Mit viel Geschick verführt er die Parkbesucher dazu, sich mit ihm zu beschäftigen. Dabei bevorzugt er das männliche Geschlecht. Hält ein mutiger Mann beispielsweise seinen ausgestreckten Finger ins Käfiginnere, klettert er sofort auf den Finger und genießt seinen Sitzplatz unter reizendem Geschwätz. Tut eine Frau das gleiche, fällt der kleine Teufel beißend über den Finger her und lacht hämisch, wenn die Geschundene aufschreit.
Weißhaubenkakadu, *Cacatua alba.*
In ihrem natürlichen Lebensraum noch häufig zu finden. Gilt als besonders intelligent, liebenswürdig und sprechbegabt.

L

Langflügelpapageien

Zur Gattung *Poicephalus* gehören 9 Arten mit 9 Unterarten. Die bekanntesten sind:
Goldbugpapagei, *Poicephalus meyeri* (→ Seite 76); Unterarten: *P. m. matschiei; P. m. reichenowi; P. m. damarensis.*
Gern gehaltene Heimvögel, die weltweit gezüchtet werden.
Mohrenkopfpapagei, *Poicephalus senegalus* (→ Seite 76); Unterart: *P. s. versteri.*
Im natürlichen Lebensraum gebietsweise häufig. Überaus beliebt als Heimvogel, da junge Tiere sehr zutraulich werden, etwas Sprechen lernen und sehr verspielt sind.

N

Neotropisch

Den Tropen der Neuen Welt (Amerikanischem Kontinent) angehörend.

Nomenklatur

Zusammenstellung von Fachbezeichnungen eines Wissensgebietes. Für die Bezeichnung der Papageien mit lateinischen Namen sollten Sie folgendes wissen: An erster Stelle steht stets großgeschrieben der Name der Gattung wie zum Beispiel »*Amazona*«, dann folgt kleingeschrieben der Artname, beispielsweise »*ochrocephala*«. Die dritte Angabe bezeichnet die Unterart, zum Beispiel »*panamensis*«. Es handelt sich hier also um *Amazona ochrocephala panamensis*, die Panama-Amazone.

Nominatform

Zuerst beschriebene Form eines Lebewesens.

Ein großer Schwarm Nacktaugenkakadus hat sich auf den Bäumen einer Farm in Australien niedergelassen. Auf der Suche nach Nahrung wagen sich Nacktaugenkakadus sogar in Gärten. In australischen Getreideanbaugebieten sind sie unwillkommene Gäste, die erbarmungslos von den Farmern verfolgt werden.

Papageien-Lexikon

P

Papageienschnabel

Der Oberschnabel von Papageien ist durch ein bewegliches Gelenk mit dem Schädelknochen verbunden; der Unterschnabel läßt sich durch ein Gleitgelenk zwischen Ober- und Unterkiefer verschieben. Dadurch ergibt sich die große Beweglichkeit des Schnabels. Bei artgemäßer Haltung nützt sich das Schnabelhorn (Keratin) ständig ab; es sieht aus, als schuppe sich der Schnabel ab. Dieser natürliche Vorgang wird durch das Nachwachsen des Schnabelhorns ausgeglichen. An der Unterseite der Schnabelspitze des Oberschnabels befinden sich bei fast allen größeren Arten die »Feilkerben«. Sie ermöglichen es dem Papagei, die Nahrung besser zu fassen und dienen gleichzeitig der Abnutzung und Schärfung des Unterschnabels.

R

Rotsteißpapageien

Die Gattung hat den lateinischen Namen *Pionus* und umfaßt nach Wolters (→ Seite 95) 8 Arten, die alle eine rote Unterschwanzdecke haben. Die meisten dieser Arten sind selten oder überhaupt nicht in Tiergärten zu sehen, weil sie weitgehend unbekannt sind. Doch 2 Arten lassen sich leicht züchten, sind auch in ihrem Lebensgebiet noch häufig und werden von Kennern wegen ihrer Sanftheit und angenehmen Stimme begehrte Heimvögel:

Maximilians-Papagei, *Pionus maximiliani* (→ Seite 73); Unterart: *P. m. siy.*
Ist als Heimvogel selten, doch bei Kennern sehr beliebt.

Schwarzohrpapagei, *Pionus menstruus* (→ Seite 73); Unterart: *P. m. reichenowi;*
Lebt in waldreichen Gegenden und ist gebietsweise noch häufig.

S

Sexualdimorphismus

Deutlich erkennbarer Unterschied zwischen den Geschlechtern wie zum Beispiel bei den Edelpapageien (→ Seite 81).

Sperlingspapageien

Sie bilden die Gattung *Forpinae*, gehören zur Unterfamilie der eigentlichen Papageien und sind seit vielen Jahren beliebte Heimvögel. Da sie weltweit gezüchtet werden, sind sie auch im Handel und in Züchterkreisen leicht zu bekommen. Die Geschlechter dieser Vögel sind durch Farbunterschiede im Gefieder zu erkennen. Hier die 7 Arten der Gattung nach Wolters (→ Seite 95):

Blaubürzel-Sperlingspapagei, *Forpus cyanopygius;* Unterarten: *F. c. pallidus, F. c. insularis.*
Vorkommen im nördlichen und westlichen Mexiko.

Blauflügel-Sperlingspapagei, *Forpus xanthopterygius;* Unterarten: *F. x. spengeli; F. x. crassirostris, F. x. flavissimus, F. x. olalae, F. x. flavescens, F. x. vividus.*
Vorkommen in Nordkolumbien, Nordostperu, Ostbolivien, Paraguay, Nordostargentinien und im Amazonasgebiet von Brasilien. Von ihm sind Farbmutanten aus dem Freileben bekannt.

Brillenpapagei, Augenring-Sperlingspapagei, *Forpus conspicillatus* (→ Seite 72); Unterarten: *F. c. metae, F. c. caucae.*
Vorkommen von Panama bis Venezuela.

Gelbmasken-Papagei, *Forpus xanthops.*
Vorkommen in Nordperu.

Grünbürzel-Sperlingspapagei, Grüner Sperlingspapagei, *Forpus paserinus.*
Vorkommen von Nordostkolumbien bis Guayana und im brasilianischen Amazonasgebiet. Auf Trinidad häufig; auf Jamaica eingebürgert.

Himmelspapagei, Blaugenick-Sperlingspapagei, *Forpus coelestis* (→ Seite 72).
Vorkommen in Westecuador

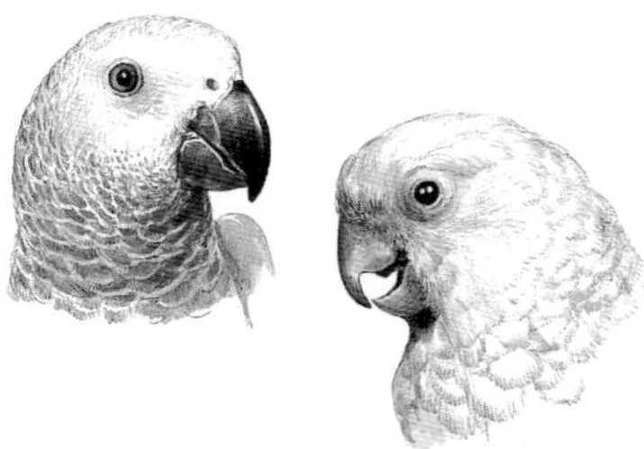

Links Graupapagei, rechts Goffin-Kakadu. Rauhe Sitzäste verschiedener Stärke und Weichholzstücke zum Knabbern sorgen dafür, daß sich das ständig nachwachsende Schnabelhorn des Papageienschnabels abnutzt.

und Westperu; häufig in Trokkengebieten.
Schwarzschnabel-Sperlingspapagei, Sclaters Sperlingspapagei, *Forpus sclateri;* Unterart: *F. s. eidos, F. s. modesta.*
Vorkommen in Ostkolumbien, Venezuela, Guayana und Nordbolivien.

U

Unzertrennliche

Der deutsche Name der Vogelgattung »*Agapornis*« aus Afrika weist darauf hin, daß nur Pärchen als Heimtiere überleben können, was im Grunde für alle Papageien gilt. Einige Arten der Gattung werden seit langem als Heimvögel gehalten und können leicht gezüchtet werden; andere sind dagegen sehr empfindlich und aggressiv, so daß deren Zucht nur selten gelingt. Hier die Aufzählung der Arten nach Wolters (→ Seite 95):
Erdbeerköpfchen, *Agapornis lilianae.*
Vorkommen im Nordosten von Tansania; in Südkenia eingebürgert. Erdbeerköpfchen sind seltene Heimvögel; eher in Tiergärten zu sehen.
Grauköpfchen, *Agapornis canus;* Unterart: *A. c. oblectaneus.*
Vorkommen ursprünglich nur auf Madagaskar, doch eingebürgert auf den Komoren, Seychellen, auf Sansibar und Mafia. Sie leben vorwiegend von kleinen Samen und können daher auch leicht als Heimtiere ernährt werden. Die Zucht ist mehrmals gelungen. Die Weibchen stecken das Nistmaterial in ihr Gefieder, um es in den Nistkasten zu transportieren.
Grünköpfchen, *Agapornis swindernianus;* Unterarten: *A. s. zenkeri, A. s. emini.*
Vorkommen in Liberia und Ghana vorwiegend in immergrünen Wäldern. Sie sind mit ihrer Ernährung so sehr auf Feigen spezialisiert, daß ihre Haltung als Heimvögel fast unmöglich ist.
Orangeköpfchen, *Agapornis pullarius;* Unterart: *A. p. ugandae.*
Vorkommen in Uganda, im Nordwesten von Tansania und Angola und im Südwesten von Äthiopien. Sie leben in lichten Wäldern und in offenem Land in kleinen Gruppen. Ihre Ernährung ist vielseitig, so daß sie als Heimtiere kaum Probleme bereiten. Orangeköpfchen lassen sich nur schwierig züchten.
Pfirsichköpfchen, *Agapornis fischeri* (→ Seite 75).
Beliebte Heimvögel, die sich leicht züchten lassen.
Rosenköpfchen, *Agapornis roseicollis* (→ Seite 74); Unterart: *A. r. catumbella.*
Rosenköpfchen sind beliebte Heimvögel, wurden weltweit gezüchtet und sind in vielen Farbmutationen bekannt.
Rußköpfchen, *Agapornis nigrigenis.*
Vorkommen im Südwesten von Afrika, im Sambei-Tal vom Machili-Fluß bis Livingstone und nördlich angrenzende Gebiete. (Wird in anderen Publikationen auch als Unterart des Schwarzköpfchens eingeordnet.)
Schwarzköpfchen, *Agapornis personatus* (→ Seite 75).
Sie ernähren sich von Samen und können daher auch in Gefangenschaft problemlos ernährt werden. Zucht einfach; es sind mehrere Farbmutanten bekannt.
Tarantapapagei, Bergpapagei, *Agapornis taranta.*
Vorkommen im Hochland von Äthiopien. Auch sie ernähren sich von Feigen, nehmen daneben aber auch Beeren und anderes zu sich. Ihre Zucht gelang wiederholt.

W

Wachshaut

Sie befindet sich an der Schnabelwurzel, umschließt die Nasenlöcher, weshalb man auch von der Nasenhaut spricht, und ist bei vielen Arten unbefiedert, manchmal auffallend getönt, bei anderen Arten ist sie von feinen Federn bedeckt.

Weißbauchpapageien

Diese Gattung heißt mit dem lateinischem Namen *Pionites* und umfaßt nach Wolters (→ Seite 95) nur 2 Arten, die beide gezüchtet werden und deshalb als Heimtiere gehalten werden können.
Rostkappenpapagei, *Pionites leucogaster* (→ Seite 73); Unterart: *P. l. xanthomerius.*
In ihrem natürlichen Lebensraum gebietsweise noch häufig.
Grünzügelpapageien, *Pionites melanocephalus* (→ Seite 72); Unterart: *P. m. pallida* (Blasser Grünzügelpapagei).

Sachregister

Die **halbfett** gesetzten Seitenzahlen verweisen auf Farbfotos und Zeichnungen. U = Umschlagseite.

Aus Liebe und Verantwortung

Heimtiere machen nicht nur Kindern, sondern der ganzen Familie viel Freude. Und ob Hund, Hamster oder Wellensittich – wer sich einmal an den kleinen Liebling gewöhnt hat, möchte ihn nicht mehr missen. Deshalb ist es wichtig, über die Bedürfnisse der Tiere wirklich Bescheid zu wissen. Die **GU TierRatgeber** – von anerkannten Autoren geschrieben – sind ideal als Helfer bei der artgerechten Haltung mit Herz und Verstand. GU Ratgeber gibt es zu allen beliebten Tierarten. Sie bieten Hilfe im täglichen Umgang mit dem jeweiligen Heimtier.

3-7742-3161-3

3-7742-3140-0

3-7742-3142-7

3-7742-3141-9

3-7742-3147-8

Mehr draus machen GU

Änderungen und Irrtum vorbehalten.

Adressen, die weiterhelfen

AZ (Vereinigung für Artenschutz, Vogelhaltung und Vogelzucht)
Untere Au 30,
71522 Backnang
(Anfragen nur schriftlich)

Fragen zur Tierhaltung beantworten:
Ihr Zoofachhändler:
oder der Zentralverband Zoologischer Fachbetriebe Deutschlands e. V.;
63225 Langen
Tel. (0 61 03) 91 07 32
(nur telefonische Auskunft möglich)

Bücher und Zeitschriften, die weiterhelfen

Bücher

Aeckerlein, W.: *Die Ernährung des Vogels*. Eugen Ulmer Verlag, Stuttgart
Ebert, Uta: *Vogelkrankheiten*. Verlag M. und H. Schaper, Hannover
Lantermann, W. und S.: *Amazonen*. Gräfe und Unzer Verlag, München
Robiller, Franz: *Vogelkäfige und Volieren*. Augustus Verlag, Augsburg
Wolter, Annette: Der *Graupapagei*. Gräfe und Unzer Verlag, München
Wolter, Annette: *Sittiche richtig pflegen und verstehen*. Gräfe und Unzer Verlag, München
Wolters, Edmund: *Systematische Liste der Vogelarten der Erde*.

Falls einige der genannten Bücher im Handel nicht mehr erhältlich sind, können Sie diese sicher in Bibliotheken finden.

Zeitschriften

Gefiederte Welt. Eugen Ulmer Verlag, Stuttgart
Die Voliere. Verlag M. und H. Schaper, Alfeld
Papageien, Arndt Verlag, Bretten

Wichtige Hinweise:
In diesem Buch geht es um die Haltung und Pflege von Papageien.
Menschen, die an einer Feder- beziehungsweise Federstauballergie leiden, sollten keine Vögel halten. Fragen Sie im Zweifelsfall vor der Anschaffung den Arzt.
Beim Umgang mit Papageien können Verletzungen durch Beißen oder Kratzen vorkommen. Lassen Sie solche Verletzungen sofort vom Arzt versorgen.
Die »Papageienkrankheit« (Psittakose, Ornithose) tritt heute bei Papageien sehr selten auf (→ Seite 49), aber sie kann bei Menschen und Papageien zum Teil lebensgefährliche Krankheitserscheinungen hervorrufen. Gehen Sie deshalb im Zweifelsfall mit dem Papagei zum Tierarzt (→ Seite 44), suchen Sie bei Erkältungs- oder Grippeerscheinungen unbedingt selbst den Arzt auf und weisen Sie diesen auf die Vogelhaltung hin.

Die Fotos auf dem Umschlag:
*Umschlagvorderseite: Blaustirnamazone (großes Foto), rote Aras (kleines Foto).
Umschlagseite 2: Zwei Graupapageien bei der gegenseitigen Gefiederpflege.
Umschlagseite 3: Blaustirnamazone beim Abflug, wobei das Farbspiel ihres Gefieders erst richtig zur Geltung kommt.
Umschlagrückseite: Zwei Grünflügelpapageien.*

Die Fotografen:
Angermayer: Seite 71; Angermayer/Ziesler: Seite 33; Bechtel: Seite 80 r.; de Grahl: Seite 69 o.l.; Hoppe: Seite 25, 36, 69 u. l., 79 u. l.; Inter-Topics/Rakebrand: Seite 20, 21; Jacana/Ferrero: Seite 88/89; Jacana/Labat: Seite 79 o. l.; Jacana/Robert: Seite 57; Jacana/Visage: Seite 66; Juniors/Wegner: U1 (kleines Foto); Layer: Seite 79 r.; Mader: Seite 68 r.; Martin: Seite 53; Okapia/Dürk: Seite 74; Okapia/NAS/T. McHugh: Seite 10; Oxford Scientific Films/Wells: Seite 65; Pfeffer: 69 r., 76 r.; Reinhard: U1 (großes Foto), Seite 17, 67, 70 l., r. u., 72, 78, U3, U4; Scholtz: Seite 9, 73, 75, 81; Schweiger: Seite 2/3; Silvestris/Bechmann: Seite 70 o. r.; Silvestris/Bertrand: Seite 68 l.; Silvestris/Lane/Hamblin: Seite 76 l.; Skogstad: Seite 24, 48, 80 l., m.; Wegler: Seite 6, 7, 13, 29; Wothe: Seite U2, 5, 14, 15, 40, 45, 60, 61, 77.

© 1991 Gräfe und Unzer Verlag GmbH, München.
Unveränderte Nachauflage der 7. Auflage.
Alle Rechte vorbehalten. Nachdruck, auch auszugsweise, sowie Verbreitung durch Film, Funk und Fernsehen, durch fotomechanische Wiedergabe, Tonträger und Datenverarbeitungssysteme jeder Art nur mit schriftlicher Genehmigung des Verlages.

Lektorat: Gabriele Linke-Grün
Herstellung: Johanna Wolter
Produktion: Johannes Schmidt-Thomé
Umschlaggestaltung:
Heinz Kraxenberger
Satz: Hesz, Augsburg
Reproduktion: E. Wartelsteiner
Druck und Bindung: Stürtz

ISBN 3-7742-1886-2

Auflage	4.	3.	2.	1.
Jahr	02	01	2000	99